결정하는 마음

Decision Mind

KB192328

결정하는 마음
Decision Mind

현명한 선택을 위한 알고리즘 쉽게 이해하기

서성욱 지음

글항아리

추천 서문

인공지능으로부터 배우는 선택의 지혜

임성빈 고려대 통계학과 교수

사람은 누구나 어떤 선택이 가장 좋은 것인지 고민하면서 살아간다. 식당에서 메뉴를 고르거나, 마트에서 물건을 고르거나, 주말에 다녀올 휴양지를 고르는 문제처럼 일상적이면서도 삶의 만족도를 높이기 위해 중요한 선택도 있고, 20대 초반의 젊은 대학생들의 진로나 대학원 진학 문제처럼 일생을 결정하는 중대한 고민도 있다.

의사결정을 연구하는 학문인 운영과학Operation Research 분야에서는 데이터로부터 추정된 불확실성을 기반으로 최적의 선택을 내리는 원리와 알고리즘을 연구한다. 이 책에서는 불확실성을 추정하는 통계적 기법과 데이터를 통해 목적함수 최적화를 수행하는 기계학습 기법을 아우르면서 데이터 기반 의사결정 방법론을 인공지능으로 소개하고 있다. 인공지능을 잘 모르는 독자라도 의사결정 방법론이 어떤 원리로 사용되는지 궁금하다면 이 책은 좋은 안내서가 돼줄 것이다.

　이 책은 최적의 선택을 위해서는 탐색이 중요하다고 강조한다. 회사에서는 흔히 성공한 프로젝트들을 크게 보상하고 실패한 사례는 숨기거나 인사상 불이익을 주려 한다. 하지만 과거에 몸담았던 회사 중 한 곳에서는 CEO가 실패한 프로젝트의 팀원들을 격려하고 원인을 파악해서 사내에 공유할 수 있도록 장려했다. 이것은 구성원들이 좀더 적극적으로 아이디어를 내고 실패를 두려워하지 않는 문화를 형성하는 데 도움을 줬다. 나 역시 학생들과 진로 상담을 할 때 남들이 말하는 '정답'을 고르기보다 자신의 적성과 취향을 고민하면서 인턴이나 사회활동을 통해 다양한 경험을 얻는 것이 필요하다고 얘기한다. 이런 탐색 기간은 시간을 낭비하는 것처럼 보일 수 있지만 궁극적으로 최적의 선택지를 고르는 가장 좋은 방법이 된다는 것을 이 책은 설명하고 있다. 인공지능 알고리즘 실험을 통해 인생의 지혜를 입증하려는 저자의 노력이 흥미롭게 읽힐 것이다.

　높은 예측 성능을 가진 기계학습 알고리즘들이 실생활에 사용되기 시작하면서 인공지능에 대한 사람들의 기대가 점점 더 높아지고 있다. 그러나 인공지능 알고리즘은 학습에 사용된 데이터에 내재된 편향을 같이 배울 확률이 높다. 그래서 데이터를 기반으로 올바른 의사결정을 내리기 위해서는 단순히 데이터를 많이 모으는 것보다 허위상관spurious correlation 때문에 발생하는 편향을 줄이고 변수 사이의 인과관계를 추론하는 것이 중요하다. 저자는 인공지능 알고리즘이 빠질 수 있는 오류들도 같이 소개하고 있다. 데이터 과학에 관심 있는 이들이라면 이 책을 통해 기계학습과 통계학 사이에서 균형 잡힌 시각을 가질 수 있을 것이다.

머리말

인공지능이라는 학문은 인간에 근접한 기계를 만드는 것을 목표로 한다. 연구자들은 어떻게 하면 인공지능을 인간처럼 만들 것인가라는 질문으로 시작해, 과연 인간은 어떻게 생각하고 결정하는가에 대한 연구, 즉 인간 자신에 대한 연구로 되돌아오곤 한다.

또 다른 부류의 인공지능 연구자들은 과학적이고 객관적인 관점에서 올바른 결정이란 무엇인가에 대해 연구한다. 이런 연구들은 인간이 가진 편견과 인지능력을 넘어서는 사고의 알고리즘을 만드는 것을 목표로 삼는다. 이들 알고리즘은 불확실성을 다루는 법, 세상을 편견 없이 바라보는 법, 공정하게 결정하는 법, 최선의 결과를 예측하는 법에 대한 수학적·과학적 해결책을 제안한다.

다시 말해 인공지능은 인간을 탐구하기도 하고, 무엇이 올바른 판단인지 고민하기도 하는 21세기의 철학이라고 할 수 있다. 나는 인공지능 알고리즘을 의학에도 적용하고 일상생활에도 적용해보면서, 이들 이론이 그저 어려운 학문의 하나로 남아 있는 점이 안타까웠다.

이 알고리즘들이 불확실한 세상에서 수많은 결정을 내려야 하는 우리에게 현명한 선택의 근거를 제시해주리라 생각한다. 나 자신이 인공지능을 공부하면서, 복잡한 이론과 수학 공식을 이해하지 못해도, 많은 연구자가 개발한 알고리즘의 사유 방식을 배우고 이해하는 것만으로 일상의 문제 해결과 판단능력이 한 단계 업그레이드되는 것을 느꼈다. 이 책의 제목은 '결정하는 마음'이지만, 독자들이 최적의 결정을 찾아가는 인공지능 알고리즘들의 과학적인 결정 방식을 배우고 이를 각자의 문제 해결에 적용해보면, '마음'이란 것이 알고리즘과 상통한다는 것을 깨달을 것이다.

이 책에서는 결정의 문제를 다루는 알고리즘을 우리가 이해할 수 있는 수준의 언어와 일상적인 사례를 들어 설명하고자 했다. 또한 이를 매일 맞닥뜨리는 결정의 문제에 어떻게 적용할 수 있을지 고민했다. 결정의 알고리즘들은 확률 이론, 게임 이론, 인과관계 추론, 베이지안 이론, 효용성 이론 등 다양한 분야의 방법론을 도구로 사용한다. 이 책은 이 방법론들을 하나하나 자세히 다루면서, 간단한 예와 시뮬레이션을 보여줄 것이다.

모든 장은 독립적으로 구성되어 있다. 학습을 위한 교과서나 개론서처럼 순서대로 읽을 필요는 없으며, 이해되지 않는 부분을 건너뛰어도 다음 부분을 읽는 데 영향을 주지 않는다. 그러니 독자가 관심가는 장부터 찾아서 읽을 것을 추천한다. 특히 5장 이후부터는 관심 있는 주제에 따라 그 궁금증을 끝까지 파고들 수 있도록 비교적 깊이 있는 내용을 담았다. 그렇더라도 목적은 우리의 결정능력을 업그레이드하는 데 있으므로, 각 장의 큰 그림을 이해했다면, 전문적인 부분이나 세부 사항에 집착하지 말고 그냥 넘어가도 좋다.

사실 책을 쓰면서 주 독자들이 누가 될지 크게 고민하지 않았다. 불확실한 현대사회를 살아가는 나 자신을 포함해 모든 사람이 올바른 의사결정을 위해 무엇을 고민해야 하는가를 질문하고 그에 대한 답변들을 내놓았기 때문이다.

이 책은 경영자나 정책 결정자들에게 불확실성을 다루는 법을 알려줄 것이다. 정치인이나 사회 운동가에게는 공정한 판단의 과학적 의미를 다시 한번 생각할 계기를 줄 것이다. 임상 의학자나 데이터 과학자에게는 미처 생각지 못한 데이터 과학의 문제나 인과관계 문제를 새롭게 고민하도록 할 것이다. 또한 컴퓨터 공학자나 인공지능 전문가에게는 의사결정에 있어 인공지능의 정확도만이 중요한 게 아님을 깨닫게 할 것이다. 철학자나 종교인이라면 자신의 연역적 논리의 한계를 점검하는 계기를 마련해줄 것이다. 예술가나 과학자에게는 직관과 탐색의 중요성에 대한 깨달음을 줄 수 있을 것이다.

반면 전문가가 아닌 청소년, 학생, 또는 일반인 중 자신에게 결정 장애가 있다고 생각하는 사람은 이 책을 통해서 성공적인 결정을 어떻게 하는지 배울 수 있을 것이다. 세밀한 부분을 이해하기 위해 조급한 마음만 갖지 않는다면, 결코 이해하지 못할 내용은 없을 것이라고 생각한다.

차례

1장
의사결정의 순간들

우리는 살면서 수많은 결정을 내린다. 현재의 나는 과거 수많은 결정의 결과물이다. 우리는 오늘 아침 무엇을 입을까 하는 작은 문제부터, 직장을 계속 다닐지 말지의 중대한 문제를 결정해야 하고, 회사에서는 사업의 앞날을 좌지우지할 중대한 사안을 결정하기도 한다.

때로는 애초 우리에게 선택 권한이 없다. 이를테면 우리는 운전 중에 교차로에서 빨간불이 들어오면 무조건 정지해야 한다. 규칙과 법규는 대체로 한 가지 선택을 강요한다. 그렇지만 사회적 합의가 이루어진 사항이므로 이것을 따르는 데 불만을 느끼지는 않는다. 반면 사내 식당의 메뉴가 하나여서 모두 그것만 먹어야 한다면 우리는 선택할 수 없는 것에 대해 불만을 느낄 수 있다. 그렇다면 사내 식당의 메뉴가 다양하고 많을수록 직원들의 만족도는 올라갈 것이다.

결정이란 선택지(선택의 종류 또는 대안들)가 존재하고, 그 선택에는 자유가 있다는 전제하에서만 성립된다. 이 책은 선택의 여지가 없는 문제는 다루지 않을 것이다. 결정의 문제 중에는 선택의 결과가 확실한 것도 있기 마련이다. 당뇨병을 앓는 환자가 당류를 많이 섭취하면 혈당이 올라가는 것은 자명하다. 이처럼 명확한 결과가 예상되는 일의 선택은 자기 의지와 관련될 뿐 결정의 문제라고 보기 어렵다. 올바른 선택이 정답처럼 제시돼 있어 고민할 필요가 없기 때문이다. 올바른 선택을 고민해야 하는 것은 옵션들의 결과가 불확실할 때다. 이 책에서는 결정 자체의 문제, 즉 불확실한 상황에서 어떻게 하면 최선의 선택을 할 수 있는지에 대해 다룰 것이다.

선택의 결과는 객관적으로 나타날 때도 있지만, 개인의 취향이나 선호도에 따라 달라지는 주관적인 만족도로 나타날 때도 있다. 아직 경험해보지 못한 숱한 선택지 가운데 우리를 가장 만족시키는 선택은 무엇일까? 이 문제를 푸는 과정으로는 여러 가지가 있지만, 그중에서도 인공지능은 매우 과학적이고 수학적인 방법을 통해 문제를 해결할 수 있다. 이 책에서는 객관적인 최선의 선택지를 찾는 인공지능 알고리즘뿐만 아니라, 이를 이용해 개인적인 취향이나 주관적인 만족도 또한 높일 수 있는 방법들에 대해서 알아볼 것이다.

1장에서는 우선 최선의 결정을 내리기 위한 전제 조건을 다룰 것이다. 대부분의 책과 논문은 결정의 환경이나 전제 조건을 잘 다루지 않는다. 하지만 어떤 문제에 대한 성공적인 의사결정을 수행하려면 주어진 문제의 상태와 환경을 먼저 파악하는 것이 중요하다. 사람들은 대개 어떤 문제가 주어지면 무턱대고 바로 해결하려든다. 세상의 문제들은 시험 문제처럼 답을 외우고 있다가 바로 풀 수 있는 종류가 아니다. 어떤 사안에 맞닥뜨리면 우선 그것의 속성부터 살펴볼 필요가 있다.

최선의 결정을 위한 조건

∴

'이 문제는 최선의 결정을 할 조건을 가지고 있는가? 그 조건을 갖추는 데 부족한 정보는 무엇인가?'

어느 누구도 최적의 조건이 아닌 환경에서 최선의 선택을 할 수는 없다. 어려운 결정의 문제를 잘 해결하는 이는 결단력 있는 사람도 아니고, 정의로운 사람도 아니며, 머리가 좋은 사람도 아니다. 현명한 사람은 주어진 문제의 속성부터 살핀다. 즉 문제를 성급하게 해결하려들기보다는 그 문제가 최선의 결정이 가능한 조건을 만족시키는지부터 파악한다. 만약 부족한 조건이 있다면 이를 충족시킬 방법을 먼저 찾는다. 의사결정의 조건이 만족스럽고 확실한 상황이라면 누구나 흡족한 선택을 할 수 있다. 그러니 결정의 조건을 최적화하기 위해서는 어떤 요소들이 필요한지부터 알아보자.

의사결정의 자유

∴

인간은 누구나 의사결정의 자유를 원한다. 우리 아이들은 내가 잔소리를 하면 늘 하는 말이 있다. "제가 알아서 할게요." 무엇을 얼마나 어떻게 알아서 하는지는 모르겠지만, 의사결정의 자유를 주장하는 것임에는 틀림없다. 인간은 자유의지를 타고났으니, 그 권리를 부정할 수는 없다. 우리는 외부 간섭을 배제하고 완전히 자유로운 조건 아래서 의사결정을 해야만 가장 만족하는 결과를 얻을 거라 믿는다.

결정은 잠시 보류하고 내가 올바른 결정을 내릴 수 있는 자유로운 조건이란 무엇인지 생각해보자.

자유로운 조건의 첫 번째는 선택의 다양성이다. 예를 들어 넷플릭스에서 새로 나온 영화가 두 편밖에 없다면 무엇을 선택해도 내 취향에 맞을 가능성은 높지 않다. 내 친구는 백화점에 가는 것을 좋아한다. 백화점에는 선택할 수 있는 물건이 많기에 굳이 사지 않는다 하더라도 자유로움을 느끼는 것 같다. 특히 아직 '탐색'하지 못한 '신상(신제품)'이 가득하다면 더 좋은 제품을 찾을 가능성은 높아진다. 선택의 다양성은 자유도를 증가시키고, 자유도가 높은 환경에서의 의사결정은 선택의 만족도를 높인다. 선택의 다양성은 자유를 주는 한편 동시에 그것을 탐색하기 위한 에너지를 요구한다. 내게 바지를 하나 사는 데 골라야 할 선택지가 많다는 것은 지나치게 에너지를 소모하는 일이다. 그럼에도 시간과 비용이 무한하다는 이상적인 전제하에서는 선택지가 다양할수록 최선의 선택을 할 가능성이 증가한다. 따라서 선택의 자유도가 증가하는 것은 최선의 선택을 위한 전제 조건이라는 사실에 동의할 수밖에 없다.

최선의 선택 ∝ 선택의 자유도

불확실성
∴

자유로운 조건의 두 번째는 선택의 결과에 대한 불확실성의 정도이다. 주어진 옵션들의 정보가 비교적 충분하다면 좀더 자유로운 선택이 가능해진다. 반면 옵션에 대한 정보가 전혀 없거나, 그 선택의 결과가 불확실하다면 자유의지는 아무런 역할도 할 수 없다. 즉 불확실성은 우리의 자유의지에 커다란 영향을 끼치며, 선택의 자유를 제한한다. 넷플릭스의 예를 다시 들어보자. 선택할 수 있는 영화가 열 편 있는데 그 영화들에 대한 정보가 전혀 없다. 심지어 제목과 포스터도 없고, 1부터 10까지의 번호만 매겨져 있는 상황이다. 이런 조건에서 선택은 아무런 의미가 없다. 이는 내 취향을 만족시키는 영화를 자유롭게 고를 권리가 제한된 상황으로, 여기서의 선택은 '뽑기'라고 해야 맞을 것이다. 즉 사전 정보가 없는 불확실한 상황은 선택의 자유를 심각하게 침해한다. 주식 투자를 예로 들어보자. 이미 잘 알려진 건실한 대기업과 비트코인 중 한 곳에 투자해야 한다면 당신은 어디에 하겠는가? 건실한 대기업은 과거부터 현재까지 꾸준히 성장해왔고, 내년에도 성장할 것으로 예상된다. 반면 비트코인은 등락의 편차가 매우 크고 외부 영향을 많이 받아 앞으로도 불확실성이 크다. 이때 우리의 결정은 불확실성에 영향을 받을 수밖에 없다. 그간 비트코인의 수익률이 높았더라도 불확실성이 장벽으로 작용해 선뜻 비트코인을 선택하지 못한다. 그러므로 불확실성은 선택의 자유를 제한하는 중요한 요소다.

지금까지 살펴본 결정의 자유도를 식으로 표현한다면 다음과 같다.

$$선택의\ 자유도 \propto \frac{선택지의\ 개수}{불확실성}$$

선택의 위중도

∴

인기 있는 연설가들이 빠뜨리지 않고 하는 말이 있다. '당신이 하고 싶은 일을 해라. 당신의 버킷 리스트는 무엇인가?'

이 말에 우리는 무한한 자유를 느끼며, 달콤한 상상에 빠져든다. 그러나 과연 내가 하고 싶은 일이 무엇인지 아는 것도 어렵고, 선택하기도 어렵다. 가장 먼저 떠오르는 것은 SNS에서 본 신기한 여행지나 맛집이다. 이는 선택의 폭이 넓어 자유롭고, 어느 것을 골라도 위중한 결과를 가져오진 않아서 비교적 쉽게 택할 수 있는 데다 많은 사람의 평가를 확인해보고 갈 수 있기에 불확실성도 적을 것이다. 하고 싶은 일을 하라고 했으니, 내 직업으로 여행가를 골라도 좋을 듯

싶다. 하지만 그러려면 지금 다니는 직장을 그만둬야 해 결정이 쉽지 않으며 선택을 보류할 가능성이 높다.

대부분의 사람은 가볍고 별것 아닌 문제에서 선택의 자유를 줄 때 열광하지만, 실제로 자신의 인생을 좌우할 만한 중대한 문제를 결정하는 것은 골치 아파하기에 결정을 보류하거나 심지어 그 권한을 다른 이에게 양도한다. 회사 대표가 직원들의 만족도를 높이는 일은 생각보다 간단하다. 직원들의 업무량을 줄여주면 박수를 받을 것이다. 그러나 출퇴근 시간을 자유롭게 한다면 업무량을 그대로 두더라도 직원들은 아마 열광할 것이다. 일의 강도와 시간 등에서 실제 업무량은 변화가 없더라도, 사람들은 사소한 선택의 자유를 획득한 것에 더욱 만족한다.

우리는 똑같은 자유가 주어지더라도 위중한 일을 결정할 때보다 위중하지 않은 일을 결정할 때 더 큰 자유를 느낀다(여기서 자유란 선택의 권리를 행사할 자유를 말한다. 만일 내가 어떤 문제에서 선택을 주저하거나 보류한다면 나는 내 선택권을 자유롭게 행사한다고 보기 어렵다).

사소한 문제를 선택할 때는 그에 따른 책임이 적으므로 우리는 신중한 생각 없이도 이것저것 골라볼 수 있다. 즉 자신의 권리를 마음껏 행사해볼 수 있다. 똑같은 크기의 불확실성이 있는 문제라면 위중한 문제보다는 사소한 문제가 더 결정하기 쉽다. 이처럼 결과에 대한 책임의 정도 또는 결과의 위중도가 결정의 자유에 영향을 준다는 것을 알 수 있다(여기서 위중도의 정확한 의미는 consequence로, 내 행동에 따른 '책임의 크기'와 동일하게 보면 된다).

앞서 살펴본 선택의 자유도는 선택의 위중도(또는 책임)를 고려할 때 아래의 식과 같이 수정된다.

$$선택의\ 자유도 \propto \frac{선택지의\ 개수}{불확실성 \cdot 위중도}$$

위의 식을 요약하면 다음과 같다. 선택의 자유도는 가능한 대안, 즉 옵션이 많으면 상승하고, 불확실성과 위중도가 크면 감소한다.

사소한 일에서 불확실성은 크게 문제 되지 않는다. 우리가 음악을 들을 때 간혹 랜덤 스트리밍을 사용하는 이유는 어떤 음악이 나와도 그리 치명적이지 않기 때문이다. 환자들이 의사에게 새로운 건강보조식품에 대해 문의할 때가 있다. 이런 제품 중에는 연구 데이터가 부족하거나, 신뢰도가 높은 임상 연구가 진행되지 않은 것이 많다. 한마디로 결과의 불확실성이 크다. 그렇더라도 건강보조식품은 대개 자연식품을 원료로 삼기에 심각한 부작용은 없을 것 같다. 따라서 불확실성은 크지만 결과의 위중도가 낮으므로 의사들은 이렇게 말할 것이다. "원하는 대로 하세요."(의사가 좀더 친절하게 답하면 좋겠지만, 이는 자유롭게 결정하라는 뜻이며, 어느 쪽으로 결정하더라도 치명적이지 않다는 뜻으로 받아들이면 된다).

반면 위중도가 높은 문제는 불확실성을 줄여야 결정이 가능하다. 이를테면 항암제는 약물 효과도 크지만, 부작용 또한 치명적이다. 결과의 위중도가 큰 약물은 동물 실험을 비롯해 여러 단계의 임상시험을 거친다. 의사들은 이런 약물을 사용하기 전에 수많은 데이터를 통해 검증하며, 불확실성이 충분히 적은지 확인한다.

앞서 언급했듯이 어떤 문제에 맞닥뜨렸을 때 이를 바로 해결하려 하기보다 자유도 관점에서 먼저 살펴볼 필요가 있다. 이 문제가 많은 옵션(대안)을 가지고 있는지, 각 옵션의 결과는 얼마나 불확실한지, 그 결과가 가져올 위중도는 얼마나 큰지 반드시 점검해야 한다. 만약 위중도가 크다면 불확실성을 줄여야 하며, 대안이 적다면 더 많은 대안을 요구해야 한다.

코로나19 바이러스의 대유행 시기에 전 세계적으로 유행한 드라마 「오징어 게임」을 기억할 것이다. 이 작품에서 주인공인 기훈을 비롯해 현실에서 한계 상황에 내몰려 있던 많은 사람이 극한의 게임에 참여하게 된다. 이 게임은 결정의 조건을 평가하는 결정의 자유도 측면에서 보면 최악이 아닐 수 없다. 첫째, 게임에 참가하는 사람들은 선택의 옵션이 하나밖에 없다. 그들은 신체적으로 감금 상태나 다름없고, 옵션은 그들이 제시한 게임을 하느냐 죽느냐일 뿐이며, 참가자는 어떤 대안도 제시할 수 없다. 둘째, 그들이 제시한 게임의 승패는 매우 불확실하다. 모든 게임에는 규칙이 있지만, 그 결과에는 언제나 반전이 있다. 반전은 게임을 더욱 불확실하게 만든다. 참가자들이 네모, 동그라미, 삼각형, 우산 모양 그림 앞에 줄을 섰을 때, 그들은 그 게임이 뽑기가 될 줄은 상상도 못 했을 것이다. 셋째, 그들이 참여하는 게임의 위중도는 '사망'이다. '사망'은 위중도의 극한값, 즉 무한대에 해당된다. 의사결정의 주체가 사라지기 때문이다. 결국 이 게임에서 결정의 자유도는 0으로 수렴된다.

그러므로 어떤 게임이나 문제가 주어졌을 때, 반드시 결정의 자유도를 평가해보고 참여 여부를 결정하는 것이 중요하다. 다시 한번 강조하는데, 선택의 조건이 현명한 선택을 만든다. 불리한 선택의 조건에서는 그 누구도 똑똑한 선택을 할 수 없다.

여러 문제의 해결과 결정의 순서: 문제의 영향력을 고려해야 한다
∴

지금까지는 하나의 문제에서 대안들을 선택할 때 필요한 조건을 따져봤다. 이제 여러 문제를 동시에 또는 순차적으로 해결해야 하는 예를 살펴보자.

여러 문제가 있을 때 우리는 본능적으로 자유도가 높은 것을 먼저 선택한다. 특히 불확실성이 적은 문제, 선택의 위중도가 적은 문제를 우선 고른다. 왜냐하면 선택의 자유도가 큰 문제는 그만큼 '선택의 어려움'이 적기 때문이다. 우리는 오늘 당장 직장을 그만둘까 말까 고민하다가도 우선 점심으로 뭘 먹을지부터 결정하는데, 이는 '선택의 어려움'이 적은 문제에 우선순위를 두기 때문이다.

거시적 관점에서 모든 결과의 총합을 고려했을 때 이러한 선택이 늘 최선의 결과를 보장하는 것은 아니다. 때로는 자유도가 낮고 결정하기 어려운 문제들이 큰 영향력을 발휘하기 때문이다. 그러니 여러 문제의 판단에 있어서는 결과의 '영향력'을 고려해 문제 해결의 순서를 정하는 것이 좋다.

각 문제의 영향력(W)을 고려하지 않고 '선택의 어려움'을 지나치게 강조한다면, 우리는 불편하고 어려운 결정은 보류하는 반면 영향력이 적으나 쉬운 결정을 먼저 내릴 것이다. 그렇지만 영향력이 적고 의미 없는 결정이 모인다고 해서 영향력이 큰 결정이 되는 것은 아니다. 친구한테 잘못했는데 직접 사과하기 어색해 작은 선물을 하거나 소소한 친절을 베풀면서 친구가 사과로 받아들여주길 기대한 적이 있는가? 이는 쉬운 방법으로 중요한 문제를 피해가려는 것일 뿐, 직접적인 사과를 대신하지 못한다.

나한테 잘 맞지 않는 직업을 계속 유지할지 그만둘지 결정하기란 어려운 문제다. 그렇다고 이 결정은 미뤄둔 채 아기자기한 취미를 통해 일에 대한 불만을 보상받으려 한다면 결국 이직 시기를 놓칠 수 있다.

만약 환자가 부작용은 많지만 영향력이 큰 항암 치료 여부에 대한 결정은 보류하고, 더 쉬운 방법을 찾고자 한다면 어떨까? 환자가 부작용은 적지만 영향력도 적은 자연치료법을 우선 시도하겠다면서 어려운 결정을 미룬다면, 그는 적절한 치료 시기를 놓치고, 결국 나중에는 치료 방법을 선택할 자유도 잃을 것이다. 우리는 반드시 영향력이 큰 문제들을 적극적으로 해결해야 하며, 그렇지 않으면 더 나쁜 상황에 노출돼 우리의 선택권은 제한될 수밖에 없다. 그러나 영향력은 위중도와는 다르다. 물론 위중도가 큰 문제가 영향력도 크게 마련이지만, 반대로 위중도를 강조하다가 놓치는 사소하지만 영향력이 큰 문제도 많다. 위중한 일에 몰입하느라 주변의 소중한 사람들과 멀어진다면 어쩌면 인생에서 영향력이 더 큰 것을 잃는 것인지도 모른다.

즉 최선의 선택을 하려면 각 문제의 영향력(W)을 고려해야 하며 이는 아래의 식으로 나타낼 수 있다. 우리에게 1번부터 N번까지의 문제가 있다고 해보자. 각 문제의 영향력이 다르므로 각 문제가 전체에 미치는 영향력의 정도도 다르다. i번째 문제의 영향력 정도를 W_i라고 하면, 최선의 선택은 각 문제의 영향력을 고려한 합으로 다음과 같이 설명된다.

$$최선의\ 선택 \propto \frac{1}{\sum\limits_{i}^{N} W_i} \cdot \sum\limits_{i}^{N} \left(\frac{선택지의\ 개수}{불확실성 \cdot 위중도} \right)_i \cdot W_i\ (각\ 문제의\ 영향력)$$

유한한 선택의 조건

∴

우리는 원하는 목표를 이루려 할 때 개인의 자유도를 최대한 유지하면서 의사결정이 가능하다면 가장 이상적인 선택을 할 수 있을 것이다. 문제는 현실적으로 선택의 자유를 확보하는 데 많은 시간과 비용이 든다는 것이다. 즉 선택의 다양성에 비례해서 탐색 비용도 증가한다. 예컨대 사탕 가게에 사탕의 종류가 다양할수록 만족도가 높은 사탕을 고를 가능성은 커지지만, 가장 만족스러운 사탕을 찾으려면 그 많은 사탕을 다 먹어봐야만 할 것이다.

한 번의 선택에서 성공적인 목표를 달성하려면 결과의 불확실성이 적은 옵션을 골라야 한다. 결과의 불확실성을 줄이는 방법은 관런 정보를 많이 확보하거나, 반복된 실험을 수행하는 것인데, 이 역시 비용 증가를 유발한다. 앞서 결정의 난이도를 중시할 때 어려운 결정이 우선순위에서 밀리는 현상을 살펴봤다. 결정하기 어렵고 결과의 위중도도 높은 것이라면 불확실성을 줄이기 위해 더 많은 비용이 들 것이다.

최선의 목표를 이루기 위해 비용을 무한정 사용할 수는 없다. 현실에서는 탐색과 실험 또는 정보 확보에 들어가는 비용은 최소화하면서 자유도를 최대로 유지할 수 있는 절충점을 찾아야 한다. 이 절충점이 실질적인 의사결정의 '최적의 조건Optimal Condition'이라 할 수 있으며, 이는 아래와 같은 식이 된다.

최적의 조건=선택의 자유도-(탐색 비용·선택의 다양성·탐색의 횟수)
Optimal Condition=Decision Freedom-(Cost · N. of Options · N. of trial)

연역적 의사결정 방법
∴

이제는 사람들이 일반적으로 생각하는 논리적인 의사결정법에 대해서 알아보자. 우리는 논리적인 결정을 할 때 예나 지금이나 연역적 방법을 자주 쓴다. 연역적 방법deductive reasoning은 핵심 명제를 기준으로 하위 단계의 행동을 제어하는 것이다. 이는 특히 옳고 그름의 문제에서 인간의 행동 양식을 규정하는 데 매우 합리적이다. 사상가와 종교인들은 자신의 핵심 명제를 근거로 일상의 많은 행동을 제어한다. 일반인들에게도 삶의 원칙은 있다. 특히 위중한 결정을 내리려면 자신의 삶 전체를 관통하는 원칙이 필요하다. 유교식 가정 교육을 받고 자란 대부분의 한국인은 이런 논리 전개에 매우 익숙하다. 이같은 삶의 원칙은 모든 행동을 일관된 방향으로 제어하기 때문에 쉬운 의사결정보다는 위중한 의사결정에서 큰 가치를 발휘한다. 연역적 사고에 익숙한 사람들은 영향력이 큰 문제를 먼저 결정하므로, 매우 결단력 있고 인생을 효율적으로 설계하는 듯 보일 것이다.

연역적 사고는 목표 설정이나 동기 부여에도 큰 역할을 한다. 목표와 원칙이 뚜렷한 사람들은 눈앞의 작은 손해쯤은 감수할 준비가 되어 있으므로 영향력이 큰 문제에서 더 큰 성취감을 맛볼 가능성이 높다. 반면 원칙이 없는 사람은 쉬운 문제나 당장 눈앞에 놓인 이익부터 선택하기 쉽다. 바로 앞의 이익으로 의사결정을 하는 것을 인공지능에서는 '탐욕적 선택greedy search'이라 한다. 탐욕적 알고리즘은 이익을 최대화할 수 있을 것 같지만, 컴퓨터 시뮬레이션을 실행해보면 애석하게도 최고의 결과를 도출하지 못한다. 이에 대해서는 뒤의 '탐색' 부분에서 자세히 다루기로 한다.

어떤 목표나 명제를 현실 세계에서 실행하려면 세부 규칙이 있어야 한다. 세부 규칙을 정해 실행하는 알고리즘을 지식 기반knowledge-based 혹은 규칙 기반rule-based 알고리즘이라 부른다. 이는 선택의 여지가 없는 확실한 문제, 즉 옳고 그름이나 안전을 판단하는 문제에 사용된다. 한편 하나의 명제에서 파생된 규칙들이 일상의 사소한 문제까지 제어한다면, 의사결정은 매우 경직되고 유연성이 떨어질 수밖에 없다. 이는 새로운 환경에서 오류를 발생시킬 가능성이 높다. 또한 이러한 오류 또는 시행착오가 의사결정에 새롭게 반영되지 않으므로 지속적인 발전을 기대하기 어렵다. 종교와 사상이 아무리 위대한 명제를 가지고 있더라도 일상의 세세한 의사결정에 관여한다면 문제는 더 심각해진다. 사소한 일상에 불과한 것이 마치 옳고 그름의 문제로 잘못 인식되기 때문이다. 새롭게 변하는 환경에서 세부 규칙에 오류가 생긴다면 세부 규칙을 수정하는 것이 바람직하다. 모든 상황에 적합하지 않은 세부 규칙을 고수하는 것도 문제지만, 세부 규칙이 틀렸다고 해서 위대한 명제를 통째로 흔들어버리는 것도 몹시 어리석은 일이다. 세부 규칙이 바뀐다고 위대한 명제가 바뀌는 것은 아니기 때문이다.

예컨대 부모를 공경하고 조상을 섬기는 마음은 뿌리를 소중히 함으로써 자기 자신을 귀히 여기는 중요한 명제일 것이다. 그러나 현실에 맞지 않는 제사의 세부 규칙들을 전부 고수하려 한다면, 이는 여러 사람을 억압하는 하나의 불합리한 구습이 되어버린다. 제사의 세부 규칙이 현실에 맞지 않는다고 해서 조상을 섬기는 마음과 유교 정신 자체를 배척하는 것은 더더욱 어리석은 생각일 것이다. 즉 세부 규칙은 상황에 따라 수정 가능해야 할 뿐만 아니라, 새로운 상황에서는 새로운 규칙이 만들어질 필요도 있다.

안전을 중시해야 하는 자율주행 자동차나 병원에서 사용하는 위험 감지 알고리즘은 지식 기반 알고리즘을 사용한다. 즉 모든 선택은 세세한 규칙에 의해 결정된다. 예를 들어 자율주행 자동차는 차선을 이탈하려 하면 이를 제어하고, 장애물이 보이면 정지한다. 병원에서는 환자의 혈액 내 산소 포화도가 일정 수치 이하로 떨어지면 알람이 울린다. 즉 안전 문제에서는 컴퓨터가 임의로 판단하지 않고 규칙에 따라 움직이게 하는데, 이는 임의의 판단이 위험할 뿐만 아니라 책임 소재도 불분명해지기 때문이다. 그러나 자율주행 자동차가 이러한 규칙에 의해 모든 상황에 대처하게 하려면, 거의 무한대에 가까운 규칙을 만들어야 할 것이다. 이렇듯 연역적 방법으로는 아무리 많은 세부 규칙을 정하더라도 모든 상황에 대처하는 것이 불가능하다.

귀납적 의사결정

∴

자신이 남들보다 현실적이며 합리적이라고 주장하는 사람들의 의사결정 과정을 보자. 그들은 하나의 '명제'보다는 현실 상황과 과거 경험에서 얻은 지식을 바탕으로 최적의 방법을 찾고자 한다. 이를 귀납적 의사결정이라고 하며, 과학적인 탐구는 이 방법을 따른다. 이 논리는 현실의 증거와 경험으로부터 의사결정 원칙을 찾아낸다. 그러나 험난한 탐색 과정과 시행착오가 뒤따르고, 그 결과를 평가하는 데는 충분한 데이터가 요구된다. 빠른 속도로 변화하는 환경과 데이터 부족으로 인해 어떤 문제들은 귀납적 사고로 생각할수록 더 불확실한 경우가 있다. 특히 자신이 매우 이성적이고 과학적이라 여기는 사람들은 증거가 충분치 못한 불확실한 상황에서 몹시 당황한다. 스스로 결정장애가 있다고 생각하는 사람 중 다수는 이처럼 귀납적 결정을 선호하는 부류다. 사실 결정이 필요한 대부분의 문제는 불확실성을 내포하고 있다. 이성적이고 현실 감각이 뛰어난 사람일수록 불확실성을 있는 그대로 직면하기 때문에 판단이 더 어려워질 수밖에 없는 것이다. 만약 감성적이거나, 명제에 따라 행동하는 연역적인 사람이었다면, 불확실한 상황에서 오히려 빠른 의사결정을 했겠지만, 그렇다고 그들이 더 올바른 결정을 내렸다고 볼 수도 없다. 어쨌거나 귀납적 사고를 하는 사람이 우물쭈물하는 동안 연역적이거나 감성적인 사람은 먼저 결정을 내렸을 테고, 의사결정은 늘 그들의 몫이니 그들이 리더가 될 수밖에 없다. 귀납적 사고를 하는 사람들에게는 좀 억울한 면이 있지만 어쩔 수 없다. 이들은 불확실한 상황에서 합리적인 선택을 하는 방법을 배우지 못했다. 심지어 불확실한 상황에서 합리적 선택이 가능한지조차 모르고 있다.

현대 인공지능의 주요 알고리즘인 기계 학습Machine Learning은 귀납적 데이터 학습을 통해서 행동을 선택한다. 따라서 귀납적 성향의 인간과 마찬가지로 기계 학습도 늘 불확실한 상황에서 의사결정을 해야 하는 문제를 안고 있다. 많은 기계 학습 연구자는 불확실한 상황에서도 어떻게 하면 더 합리적이고 후회 없는 선택을 할 수 있을지 연구하고 있다. 이 책에서는 이 분야의 최근 연구들을 알기 쉽게 소개하고 이를 우리 일상에 적용하는 문제까지 다루어볼 것이다. 이로써 과학적이고 이성적인 사람들의 결정장애가 어느 정도 해소되길 바라며, 나아가 이런 부류 중에서도 좀더 신속하면서 올바른 선택을 하는 리더십이 나오길 기대해본다.

귀납적 추론은 근거 기반의 과학이나 데이터 과학의 핵심적인 논리이기도 하다. 예를 들어 과거의 데이터를 통해서 우리의 선택 방법이 성공적인지, 성공적이라면 과연 무엇 때문인지 알고 싶다고 가정해보자. 과거 데이터를 분석해보면 성공과 연관성 있는 무수한 요소가 발견된다. 이 중 성공의 진정한 원인이 되는 요소를 찾는다면, 우리는 앞으로 다가올 같은 상황에서 좀더 확실한 판단을 할 수 있을 것이다. 귀납적 방법은 양질의 정보가 확보될 경우 가장 확실한 의사결정을 가능케 해준다. 최근 임상 의학에서 '근거 기반의 치료'라는 용어가 많이 쓰이고 있다. 이는 임상시험을 통해 얻은 데이터를 귀납적 방법으로 분석해 치료 효과의 확실한 증거를 찾고 이를 기반으로 치료법을 결정하려는 시도다.

한편 과거 데이터를 이용한 귀납적 분석은 때로 치명적인 오류를 일으키기도 한다. 인공지능도 귀납적 추론의 오류에서 자유로울 수 없으며, 최근 연구자들은 인공지능이 유발하는 오류가 일반적인 귀납적 통계에 의한 오류보다 더 심각할 수 있다는 것을 알게 되었다. 오류의 원인과 이를 극복하려는 현대 인공지능 연구자들의 노력에 대해서는 '연관성과 인과관계'에서 다룰 것이다.

혼합된 의사결정

∴

인간이 개발한 매우 효율적인 의사결정 방법 중에는 매뉴얼에 의한 결정 방법이 있다. 매뉴얼은 그 구속력에 따라 하나의 지침일 수도 있고, 규칙일 수도 있으며, 법률이 될 수도 있다. 세부 규칙을 규칙 기반rule-base으로 시행한다는 점에서 연역적 방법과 동일하다. 한편 연역적 판단과의 차이점은, 상황 또는 환경의 변화에 따라 매뉴얼은 지속적으로 변경하며 발전한다는 것이다. 제대로 된 매뉴얼은 상황에 따른 세세한 의사결정들에 대한 합의 과정 또는 귀납적 검증 과정을 거쳐 신뢰도를 높인다. 즉 과거의 데이터를 수집해서 분석하기도 하고 시행착오를 반성하기도 하면서 세부 규칙을 수정한다. 이러한 매뉴얼은 다양한 형태로 나타나는데, 가령 과학자들에게는 다른 연구자의 연구 결과와 실험 방법이 매뉴얼이 된다. 기업이나 공공 기관에서 공적인 일을 처리할 때는 업무 매뉴얼이 존재하고 담당자는 이를 근거로 행동을 정하고자 한다. 법조인들은 판단의 근거를 법률이라는 매뉴얼에서 찾는다. 응급한 데다 치명적인 문제, 특히 사람의 생명을 다루거나 국가 간 분쟁을 조정하는 데 있어서는 빠르고 정확한 판단이 요구된다. 군인들은 인접 국가와 군사적 분쟁이 발생할 가능성에 대비해 철저한 대응 매뉴얼을 가지고 있다. 소방대원이나 응급구조사들은 응급 상황에 대처하기 위한 세세한 대응 매뉴얼을 가지고 있다. 응급실 의료진들은 응급실 매뉴얼에 따라 신속하게 행동을 결정한다.

생명과 안전을 다루는 분야에서는 뛰어난 영웅 한 사람의 힘보다 모든 조직원의 일관되고 편차가 적은 평균적 능력이 중요하다. 매뉴얼에 기반한 훈련은 구성원들의 대응능력을 표준화하고, 구성원 간의 편차를 줄여 그 조직의 신뢰도를 높인다. 또한 매뉴얼은 행동의 옵션을 최소화해 선택의 자유와 이에 따른 책임 부담을 줄이므로 위중한 일에 대한 '판단의 어려움'을 획기적으로 감소시킬 수 있다. 위험한 수술을 집도하는 의사나 종신형을 선고하는 판사에게 매뉴얼이 없다면, '판단의 어려움' 탓에 신속하고 명확한 결정을 내릴 수 없을 것이다. 매뉴얼은 행동의 옵션을 최소화해 의사결정의 자유도를 줄이지만, 반복된 훈련과 귀납적 검증을 통해 불확실성을 낮춤으로써 위중한 문제를 더 쉽게 처리할 수 있도록 한다.

매뉴얼이 아무리 잘 만들어졌다 하더라도 이를 수행하는 사람의 대처능력이 미숙하다면, 매뉴얼 수정은 아무 소용이 없다. 이 매뉴얼들은 단순한 설명서처럼 읽는다고 저절로 습득되는 것이 아니다.

매뉴얼은 세세한 모든 상황에 대한 규칙이 아니며, 그렇게 만들 수도 없다. 조직의 리더들은 매뉴얼을 잘 만들면 그대로 시행될 것이라고 착각해서는 안 된다. 매뉴얼은 실전 훈련을 통해서만 효과를 발휘한다. 오늘날 인간은 인공지능보다 훨씬 더 뛰어나기 때문에 훈련과정을 통해 매뉴얼이 커버하지 못하는 모든 상황에 더 뛰어나게 대처할 수 있다. 이 부분에 대해서는 '직관, 감정적 사고와 논리적 사고' 편에서 자세히 살펴볼 것이다. 따라서 성공적인 집단이 되기 위해서는 적절한 대처 매뉴얼을 마련하는 것도 필수지만, 구성원 훈련에 투자를 아끼지 말아야 한다. 최근 많은 직장에서 직원 교육 과정이 늘어나는 것은 바람직한 일이다. 다만 시간을 아끼기 위해 주로 온라인 교육 방식을 이용하는데 이는 진정한 훈련이라고 볼 수 없다. 훈련에는 직접 몸으로 체득하는 시행착오 과정이 반드시 포함되어야 한다.

2장
인간의 한계점

앞 장에서 다룬 귀납적 의사결정은 의사결정의 결과를 해석하고 원인을 찾아내서 다음 행동에 반영한다. 이는 사실과 증거에 기반한 사고방식으로 매우 논리적일 것 같지만 사람 또는 상황에 따라 그 결과의 원인이 다르게 해석되기도 한다.

프리츠 하이더[1]는 저서 『대인관계 심리학』에서 사람들이 결과를 해석하는 방식을 크게 두 가지로 봤다. 결과의 원인을 외부 영향으로 돌리는 외적 귀인, 결과의 원인을 내부 요인으로 돌리는 내적 귀인이 그것이다. 그는 개인의 성향과 상황에 따라 그 결과를 다르게 해석할 수 있다는 점을 분석적으로 보여준다. 예컨대 자존감이 강한 사람은 시험을 잘 보면 '내가 잘해서'라고 생각한다. 반면 자존감이 낮은 사람은 '시험이 쉬웠다'거나 '운이 좋았다'고 생각한다. 즉 개인적 성향에 따라 같은 사실을 둘러싸고도 서로 다른 귀납적 결론에 도달할 수 있다. 심리학에서 인간은 자아를 통해 세상을 보기 때문에 같은 사건에 대해 다른 이해와 결론을 나타내는 건 필연이라고 한다(앤서니 그린월드[2]). 이 부분에 대해서는 '베이지안 브레인 편'에서 자세히 다루기로 한다.

인간의 귀납적 추론은 〔그림 1〕과 같은 과정으로 전개된다. 우선 현재 상태를 인지하는 단계, 인지된 데이터를 추론하는 단계, 추론을 통해 연관 인자를 분리해내는 단계, 연관 인자 중 원인을 발견하는 단계로 구성된다.

〔그림 1〕 귀납적 추론 과정

우리는 귀납적인 추론 방식이 더 논리적이고 과학적이라고 생각하고 있다. 실제로 과학적 추론은 증거와 사실을 기반으로 하는 귀납적 논리를 따른다. 하지만 이 추론 과정은 위에서 살펴본 모든 단계에서 오류가 발생할 수 있다. 후회 없는 판단에 대해 알아보기 전에 우선 추론 단계에서 일어날 가능성이 있는 오류부터 점검해보자.

인지 단계에서의 오류

∴

인지 단계는 정보를 수집하는 단계다. 여기서 발생하는 오류는 사후에 수정이 불가능하므로 가장 심각한 오류라고 할 수 있다.

· 선택적 인지의 오류Selective perception error는 인간의 관찰 범위의 한계로 인해 정보 또는 데이터가 편향되어 수집되는 것을 말한다. 인간의 관찰 범위는 자신의 지역이나 집단에 한정되어 있기 때문이다. 때로는 정보 수집이 정보를 제공하는 주체나 국가에 의해 통제되기도 한다. 최근에는 플랫폼 기업에 의한 뉴스 추천 알고리즘이 전달하는 정보의 편향성이 논란이 있다.

· 정형화 인지 오류Stereotypes error는 고정관념이라고도 하며, 외부로부터 들어오는 정보를 머릿속에 이미 정해놓은 카테고리에 맞추기 때문에 발생한다. 인간의 뇌 용량에는 한계가 있어 신속하고 효율적인 정

보 처리를 위해서는 몇 가지로 분류한 카테고리로 인지하는 것이 유리하다. 다만 이를 지나치게 단순화할 때 편향된 인지 오류가 생긴다. 이를테면 개인의 특성을 고려하지 않고 남자는 이러하며, 여자는 저러하다는 식으로 인지하는 것이다.

·**후광 효과**Halo effect는 정보를 인지할 때 그 배경에 의해서 진실이 가려지는 것을 말한다. 예컨대 자신이 추종하는 사람의 모든 행동을 긍정적으로 받아들이거나, 또는 유명 브랜드의 제품은 전부 좋아하는 것이다.

기여 인자를 찾는 단계에서의 편향: 귀인 편향
∴

·**확증 편향**Confirmation bias은 자신의 신념을 증명하는 사건은 쉽게 찾는 반면, 반대되는 증거는 무시하게 되는 경향을 말한다. 종교인과 사상가들에게서 흔히 발견되지만, 객관적으로 데이터를 봐야 하는 과학자나 전문가들에게서도 종종 나타난다.

·**사후과잉확신 편향**Hindsight bais은 어떤 사건이 일어난 후 마치 그 일이 일어날 징조를 미리 알고 있었던 듯한 느낌이 드는 것을 말한다. 이는 현재 일어난 사건에 의미를 부여하기 위해 과거에 일어난 사건을 일관성 있게 재구성하는 과정에서 발생한다. 유명인들이 자신의 성공을

설명할 때 흔히 이러한 귀인 편향Attribution bias에 빠진다. 즉 자신의 성공이 우연보다는 필연적임을 설명할 때 범하기 쉬운 오류다.

·**자기중심적 편향**Self-centered bias은 긍정적 결과는 자신에게, 부정적 결과는 남에게 돌리는 자기방어적 욕구에 기인한다. 이러한 성향이 집단적으로 발생하면 집단 이기적 편향으로 비화된다. 속칭 내로남불(내가 하면 로맨스 남이 하면 불륜)이 여기에 해당된다. 정도의 차이는 있겠지만, 인간이라면 누구나 이 오류를 가지고 있으므로 이런 사람을 보더라도 측은지심을 갖길 바란다.

·**행위자-관찰자 편향**Actor-observer bias은 사람이 자신의 행위를 설명할 때와 타인의 행위를 설명할 때, 서로 다른 기준을 들이대는 것을 말한다. 일반적으로 자기 행동의 원인은 외부 요인에서 비롯된다고 생각하고, 타인의 행동은 원인이 그들의 내적 동기에서 비롯됐다고 생각한다. 예컨대 내가 약속 시간에 늦는다면 차가 막히기 때문이라고 여기지만, 상대방이 늦으면 그가 늦게 출발했으리라고 여기는 것이다. 이 또한 우리의 성격이 삐딱하게 꼬여서 그런 것이 아니고, 인간이기 때문에 그런 것임을 받아들여야 한다.

우리는 아무리 자연과 사회를 객관적으로 관찰하고 분석하려 노력해도, 그리고 합리적인 논리에 근거해서 행동하려 해도 그 한계를 벗어날 수 없다. 그래서 우리는 기계의 도움을 필요로 한다. 판단함에 있어 기계의 도움을 받는 것을 부끄러워할 이유는 없다. 우리 인간은 자신의 신체적 한계를 기계를 통해서 극복해왔기 때문이다. 가령 망원경을 통해서 우리가 볼 수 없었던 거리에 있는 물체를 보며, 자동차와 비행기를 발명함으로써 갈 수 없었던 장소에 갈 수 있다. 컴퓨터의 발명으로 인간의 사고 범위를 넘는 연산이 가능해졌다. 인공지능이라는 기계는 인간 추론의 한계를 넘고 있다. 인공지능 개발자들의 목표는 더 이상 '인간을 닮은 기계'를 만드는 것이 아니다. 그들은 인간의 인지능력과 사고를 뛰어넘고 그 편향성을 극복하는 것을 목표로 하고 있다. 이러한 연구는 아직 시작 단계에 불과하다.

선구적인 인공지능 연구자들은 편향성을 극복하고 올바른 의사결정을 내리는 과학적 논리를 찾기 위해 숱한 실험과 시행착오를 거치며 연구에 매진하고 있다. 이 책에서는 이들 연구자의 최신 결과물과 그들의 논리를 소개하고, 어떻게 하면 일상의 의사결정에서 이를 활용할 수 있을지 고민해보고자 한다. 물론 독자들이 개발자의 시각으로 연구 내용을 모두 이해할 필요는 없다. 게다가 실생활에서 이러한 인공지능이 적용될 날은 아직 요원하다. 다만 합리적 인공지능을 만들려는 연구자들의 수많은 논리와 시행착오를 소개함으로써 독자들에게 합리적 의사결정이 무엇인지 생각해볼 계기를 마련해주고 싶다.

3장
직관: 감정적 사고와 논리적 사고

2016년 개봉한 영화 「미스 슬론Miss Sloane」에서 에스미는 총기 규제 운동가다. 그녀는 자신의 총기 규제 운동이 매우 이성적인 판단에 의한 것으로 보이고 싶었던 터라 과거 학교 내 총기 난사 사건의 피해자였다는 사실을 숨긴다. 에스미는 정책 결정자들이 자신을 감정적인 사람으로 보는 것이 싫었다. 그들이 그런 편견을 갖는다면 그녀의 논리가 설득력을 잃을까봐 두려웠기 때문이다.

판단에 있어서 감정이 개입된다는 것은 부끄러운 일일까? 과연 논리적 판단은 감정적 판단보다 항상 옳은 것일까? 그렇다면 에스미는 자신이 총기 규제 운동을 하게 된 동기를 사람들에게 어떻게 설명할 수 있을까? 동기 부여를 이성적 논리만으로 설명할 수 있을까? 감정이 전혀 없는 이성적인 동기 부여는 가능한 걸까?

우리는 직장 일에서나 공무에서 자신이 이성적이고 분석적인 의사결정을 하며 감정에 휘둘리지 않는 사람으로 보이길 원한다. 특히 전문가들은 더 그렇다. 하지만 모든 인간의 의사결정에 감정이 커다란 영향을 끼친다는 사실은 부인할 수 없다. 신경학자 안토니오 다마지오는 저서 『데카르트의 오류Descartes' Error』에서 엘리엇이라는 뇌 손상 환자에 대한 실험을 소개하고 있다.[1] 그는 감정이 배제되면 의사결정에 장애가 생긴다는 사실을 발견했다. 우리는 에스미가 생각했듯이, 감정을 배제하고 순수한 이성으로 의사결정을 해야 올바른 판단을 할 수 있다고 믿어왔다. 그러나 다마지오의 연구에 따르면, 감정이 배제될 경우 우리는 의사결정 자체를 못 하게 될 수도 있다.

크리스 블레이크는 『결정의 기술The Art of Decisions』에서 결정을 좌우하는 '감정'을 우리가 흔히 떠올리는 희로애락과는 다르게 봤다.[2] 여기서의 감정은 의사결정의 경험을 저장할 때 좋다 혹은 나쁘다의 꼬리표 정도로 생각하면 될 것 같다.

인공지능에서 강화학습은 행동의 경험을 보상과 후회의 형태로 저장한다. 방금 설명한 감정의 꼬리표에서 좋은 경험은 강화학습의 보상과 유사하며 나쁜 경험은 후회와 유사하다. 강화학습에서는 보상의 총합이 가장 큰 행동을 선택한다. 마찬가지로 인간도 감정의 꼬리표의 총합이 가장 큰 행동을 선택할 것이다. 이 총합은 무의식중에 계산되어 직관의 형태로 나타날 수 있다. 감정의 꼬리표의 총합은 우리의 의사결정이 복잡한 재사유 과정 없이 신속하게 이뤄지도록 도움을 준다. 이를 직관적 의사결정이라 부른다.

직관에는 과거의 사유 과정과 그 결과의 총합이 내재되어 있다.

이 방법은 복잡한 문제와 관련된 다차원의 기억을 모두 떠올리기 위한 에너지와 시간을 낭비하지 않고, 관련된 기억에 붙은 좋고 나쁨의 꼬리표의 총합만 계산한다. 즉 직관은 얽혀 있는 사유 과정을 단순한 일차원의 논리(좋다/나쁘다)로 만들기 때문에 다차원의 문제가 효율적으로 처리된다. 또한 우리가 잘 기억하지도 못하는 다양한 경험에 대한 감정의 꼬리표들의 총합이므로, 일차원적인 이성적 논리보다 더 현명한 결정을 할 수도 있을 것이다.

볼프람 슐츠는 원숭이 실험을 통해 어떤 경험에 대한 보상이 쾌감을 느끼는 도파민 생성 뉴런을 자극한다는 사실을 알아냈다.[3] 또한 이 경험이 반복되면 도파민 생성 뉴런에 의해 그 경험과 보상 간의 조건반사 회로가 형성됨을 밝혀냈다. 결국 심리학에서 말한 감정의 꼬리표는 도파민 뉴런과 동일하다는 것을 알 수 있다. 에릭 캔들은 『마음의 오류들The Disordered Mind』에서 보상으로 주어진 도파민계의 활성은 조건반사뿐만 아니라 습관으로도 유도되며, 이는 무의식중에도 빠른 행동을 자동으로 수행하도록 한다고 말했다.[4]

위의 이론들을 다시 정리해보자. 우리 선택의 경험은 도파민 신경계를 통해서 감정의 꼬리표로 기억되며, 이 무의식적인 기억은 주어진 환경에서 재사유 과정을 거치지 않고 반사적인 의사결정을 수행할 수 있게 한다. 이러한 의사결정 과정을 직관이라고 한다.

그럼에도 불구하고 우리는 왜 직관적 선택을 할 때 여전히 불안해하는가? 이것이 내재된 이성적 사유라고는 하지만 감정에 의한 편향성이 있지 않을까 염려되기 때문이다. 그 꼬리표가 달린 경험 중에는 인지적 오류를 지닌 경험과 감정적 경험도 포함되어 있을 테니 직관을 완전한 논리적 결정의 하나라고 보기에는 어려운 면이 있다. 나의 순간적 판단이 직관인지 순수한 감정인지 스스로도 구별하기 어렵다. 또한 직관적 의사결정은 그 내재적 사유 과정을 논리적으로 투명하게 설명하기 어려울 때가 많다. 사람의 두뇌를 모방한 인공신경망에서도 그 결과를 해석할 수 없는 부분이 큰 골칫거리다. 인공신경망은 각층의 회로가 촘촘히 연결되어 있어 회로가 복잡해질수록 블랙박스처럼 해석이 어려워진다. 이는 우리의 직관과 매우 유사하다.

인공지능은 안전성과 신뢰성 면에서 자기 판단의 근거, 즉 '어떻게'와 '왜'에 대한 설명을 사용자에게 제공할 의무가 있다. 2019년 4월 유럽연합 집행위원회는 신뢰할 수 있는 인공지능 윤리 가이드라인 Ethics guidelines for trustworthy AI을 공표했으며, 투명성의 관점에서 인공지능은 사용자에게 설명이 가능해야 한다는 점을 명시하고 있다.[5]

우리의 직관도 설명할 수 없다면 신뢰도가 떨어질 수밖에 없다. 설명 가능한 인공지능에는 대리 분석 모델surrogate model 기법이 있는데 이는 우리의 의사결정에 참고할 만하다. 대리 분석의 방법은 다음과 같다. 원래의 복잡한 블랙박스 모델이 있고, 동시에 단순하면서 설명 가능한 여러 개의 대리 모델을 만든다. 이 대리 모델 가운데 원래의 블랙박스 모델과 가장 유사한 결과를 도출하는 하나의 모델을 선택하고 이 모델이 대신해서 결과를 설명한다.

우리도 일상에서 의사결정을 할 때 이 방법을 쓸 수 있다. 우선, 직관적 판단을 전적으로 믿어서는 안 되겠지만 무시할 필요도 없다.

다만 직관적 판단을 설명할 근거를 찾으면 된다. 중요한 점은 행동하기 전에 먼저 나의 직관에 대한 근거를 찾아야 한다는 것이다. 이 과정을 통해서 우리는 '과잉확신 편향'의 오류에서 벗어날 수 있다. 이 과정은 스티븐 슬로먼이 "직관적 사고는 목표를 설정하는 데 유용하고, 논리적 사고는 자신의 의사결정을 다른 사람에게 설명하는 데 유용하다"고 한 것과 동일하다.[6]

우리의 직관을 설명하기 위해 데이터 과학이나 인공지능을 활용할 수도 있고, 단순하게는 발품을 팔아 내 직관을 설명해줄 증거를 수집할 수도 있다. 또 다른 방법으로는 다른 사람들을 나의 대리 모델로 사용하는 것이 있다. 나와 같은 판단을 한 다른 사람에게 그 판단의 이유를 물어보는 것은 내 직관을 객관화하는 데 매우 유용한 방법이다. 대리 모델은 나의 생각을 설명할 수 있는 사람이어야 하므로 나를 잘 아는 인물이 좋을 것이다. 예컨대 친구, 가족, 배우자 등은 내 생각을 가장 잘 설명해주는 소중한 대리 모델이다. 이들과 내 문제나 생각을 상의하면 때로는 긍정적으로 때로는 부정적으로 나를 잘 설명해준다. 이들의 역할은 내 직관을 확신할 수 있게 하거나, 또는 수정하게 하는 데 매우 중요하다. 내 주변에 나를 잘 이해하는 대리 모델이 있다는 것은 큰 축복이다.

사실 객관적인 의사결정을 떠올리면 나를 잘 모르고 비판적인 사람의 조언이 좋을 것 같지만, 나의 직관적 판단으로 나를 '설명'한다는 측면에서 볼 때 이런 부류는 오히려 적합하지 않다. 여기서 우리 목적은 '나를 설명하는 것'이지 '더 좋은 결론을 도출'하는 토론에 있지 않다(비판적이고 수평적 토론이 가져오는 의사결정의 이익에 관해서는 '집단의 의사결정'에서 다룰 예정이다).

우리가 직관의 복합적이면서 빠른 의사결정 능력을 잘 활용할 수 있다면, 의외의 상황에서도 현명한 의사결정을 내릴 수 있다. 예로부터 인간은 훈련을 통해 이 직관의 장점을 극대화해왔다.

즉 우리는 훈련으로 직관의 신뢰성을 높일 수 있다. 게리 클라인은 저서『직관의 힘The Power of Intuition』에서 소방대원과 병사들의 신속한 의사결정은 훈련으로 체득된 직관적 사고에 의한다고 했다.7 훈련은 피훈련자들에게 동일한 경험을 반복시킴으로써 동일한 감정의 꼬리표를 각자의 뇌에 저장시킨다. 또한 훈련을 통해 매뉴얼을 실제로 시행했을 때 발생하는 의외의 사건과 수많은 시행착오가 감정의 꼬리표 형태로 피훈련자의 뇌에 저장된다. 이렇게 함으로써 모든 피훈련자는 유사한 상황에서 각자의 직관에 따라 행동하더라도 (비록 서로 다른 신경계의 회로를 통할 수 있지만) 매우 유사한 판단을 내리게 될 것이다. 따라서 훈련이란 특정 상황에 대한 직관이 항상 신속하고 일관성 있게 실현될 때까지 반복 학습시키는 과정이라 볼 수 있다.

훈련은 매뉴얼을 체득하는 과정이기도 하다. 매뉴얼을 문자로만 받아들인다면, 개인차에 따라 이를 이해하고 수행하는 정도가 다를 수밖에 없다. 앞에서 언급했듯이 훈련으로 체득되지 않은 매뉴얼은 아무 의미가 없다. 매뉴얼은 오케스트라의 악보와 같다. 지휘자가 악보를 각 파트에 던져준다고 바로 음악이 연주되지 않는다. 각 파트의 음악이 조화롭게 실시간으로 연주되려면 우선 참여하는 각 개인의 충분한 연습이 필요하며, 또한 모든 파트가 모여서 합주를 연습함으로써 비로소 조화로운 음악이 완성될 것이다.

4장
의사결정의 기초

최적의 의사결정을 위해서는 선택 가능한 각각의 옵션에 대해 객관적인 평가를 해야 한다. 이 장에서는 옵션 평가 방법에 대해 살펴볼 것이다. 이는 옵션의 가치를 저울질하고 그 결과가 얼마나 불확실한지를 평가하는 것뿐만 아니라, 그 평가된 가치의 오류를 점검하는 것도 포함한다.

　'우연과 확률, 그리고 불확실성의 평가'에서는 각 옵션의 불확실성을 가늠하기 위해 알아야 하는 우연과 확률, 불확실성의 측정 방법에 대해서 살펴볼 것이다. '선택의 가치'에서는 불확실한 상황에서 선택의 가치를 평가하는 방법에 대해서 알아보고, '탐색'에서는 옵션에 대한 평가가 불가능하다면 더 많은 정보를 얻기 위해 꼭 필요한 탐색 과정 및 방법에 대해 다룰 것이다. 마지막으로 '인과관계에 대하여'에서는 가치평가의 오류를 점검할 것이다.

우연과 확률, 그리고 불확실성의 평가

∴

우연을 극복하는 방법

우리는 흔히 다른 사람의 성공 신화를 보며 부러워하고, 그들의 이야기를 경청하며 교훈을 얻어서 그들과 같이 되기를 꿈꾼다. 반면 현실에서는 어떤 일을 아주 치밀하게 준비했고, 검증도 거쳤고, 최선의 노력도 기울였고, 실패 확률조차 매우 낮았건만 일이 끝내 성공적이지 못했던 경험이 더 많을지도 모른다. 이런 결과는 무엇을 의미할까? 그냥 운이 나쁜 건가, 아니면 반성할 부분을 찾아야 하는 건가?

동전 던지기의 예를 들어보자. 동전을 열 번 던져서 모두 앞면이 나올 확률은 2^{10}분의 1로 매우 낮다. 희박하긴 하나 일어나지 않는 것은 아니다. 매우 낮은 확률의 사건은 일어날 가능성이 매우 적기는 하지만, 언젠가 반드시 일어난다. 이것을 운이라 하며, 운은 확률을 현실로 만든다. 가능성이 0.1퍼센트인 사건이 있다고 해보자. 그러나 현실 세계에서 0.1퍼센트의 사건과 99.9퍼센트의 사건 중 어느 것이 일어날지는 운이 결정한다. 운은 우리의 통제 영역을 벗어난 신의 영역이다. 우리가 할 수 있는 일은 운 또는 우연이 존재한다는 사실을 받아들이는 것이다. 확률에 근거한 결정을 할 때도 늘 우연을 염두에 두어야 한다.

미국의 재무장관을 역임한 로버트 루빈은 저서 『글로벌 경제의 위기와 미국In an Uncertain World』에서 확률에 의한 투자에서 실패했던 경험을 소개하고 있다.[1] 그는 85퍼센트의 확률로 이익이 예상되고,

15퍼센트의 확률로 실패가 예상되는 거래를 했다. 그러나 결국 15퍼센트로 예상한 확률이 일어나는 바람에 큰 손실을 입었다. 여기서 그는 "결과가 잘못되더라도, 판단이 잘못된 것은 아니다"라는 말을 한다. 이는 얼핏 자기변명처럼 들린다. 하지만 확률적 관점과 우연이라는 요소를 이해한다면, 그의 말이 옳다는 것을 알 것이다. 만약 확률이 높은 투자를 여러 차례 반복했다면, 그는 반드시 수익을 올렸을 것이기 때문이다.

우리는 사전 조사를 하고 예측을 하고 그 예측한 확률을 기반으로 계획을 세우지만 때로 실패한다. 그럼에도 불구하고 왜 또다시 계획을 세우는 것일까? 봉준호 감독의 영화 「기생충」에서 아버지 기택은 계획이 없는 사람이다. 그의 계획은 '무계획'이며 무계획은 절대 실패하지 않는다고 생각한다. 영화 속 그는 아마도 사업 실패를 숱하게 하면서 계획의 무용론자가 된 것 같다. 그의 계획이 틀려서 실패하기도 했겠지만, 그저 운이 따라주지 않아 실패한 계획도 있을 것이다. 우리가 어떤 결정을 확신에 차서 했는데 실패했다면, 그 실망감은 아주 크기 마련이다. 이때 우리는 당황하고 때로는 죄책감을 느끼며, 뭔가를 성급하게 수정하려고도 한다. 확률이 높았는데 단지 운이 나쁜 것이었다면, 다시 한번 반복해서 성공시킬 수 있는 일인데도 말이다.

이번에는 직접 컴퓨터 시뮬레이션으로 동전 던지기 실험을 해보자. 〔그림 1〕에서 하나의 막대는 열 번 던져서 앞면이 나온 비율이 같은 사람의 수다. 모두 5000명이 열 번씩 동전을 던졌는데 그 결과는 제각각이다. 이렇게 제각기 흩어진 비율의 분포를 표집 분포라고 한다. 여기서 열 번 모두 앞면이 나온 사람은 무려 63명이었다. 만약 동전의 앞면에 상금을 준다면 이들은 참 운이 좋은 사람들이다.

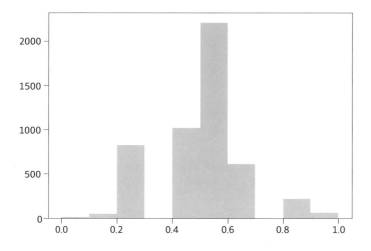

〔그림 1〕 이 그래프에서 X축은 확률값(0부터 1 사이)을 나타내고, Y축은 각 확률이 나온 사람의 수다. 이 그래프에서 확률이 0.5라면 2210명, 확률이 0.6이라면 606명이 나왔으며, 확률이 1일 때는 63명이나 나왔다.

이번에는 5000명에게 동전을 백 번 반복해서 던지게 하고 앞면이 나올 비율을 관찰해보자. 컴퓨터로 시뮬레이션한 결과는 아래와 같다. 각 사람에게서 동전을 백 번 던져 앞면이 나올 확률은 점차 2분의 1에 가까운 확률값으로 수렴된다. 이번에는 확률이 1인 것이 한 번도 나오지 않았다〔그림 2〕.

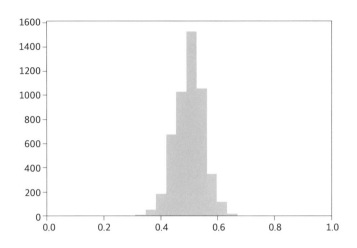

〔그림 2〕 이 그래프에서 X축은 확률값(0부터 1 사이)을 나타내고, Y축은 각 확률이 나온 사람의 수다. 이 그래프에서 95퍼센트의 참가자들에게 0.4에서 0.6 사이의 확률이 나왔다. 확률이 1인 사람은 한 명도 없었다.

이처럼 반복된 실험을 통해 운이 좋은 사람이든 나쁜 사람이든 원래의 참확률로 수렴된다는 것을 알 수 있다. 반복을 통해 우연의 효과가 사라진 것이다. 즉 우연이라는 변수와 싸워서 이길 수 있는 유일한 방법은 꾸준한 반복이다. 우리는 이 점을 간과한 채 성급하게 결론을 내리곤 한다. 면밀한 분석을 통해서 의사결정 방향이 일단 확정되면 그 방향을 유지해야 한다. 한두 차례의 결과에 실망해 방향을 급선회하는 것은 매우 어리석은 일이다.

우리의 계획은 늘 틀리기 마련이다. 우리는 미래를 정확히 예측하지 못하며, 예측한 확률이 맞더라도 우연이라는 요소가 그 계획을 방해한다. 따라서 필요한 것은 반복된 실패에도 불구하고 휘둘리지 않는 원칙이다. 원칙이 있는 사람은 실패하더라도 원칙을 통해 다시 도전해볼 용기를 얻을 수 있다. 원칙이 없는 사람이라면 계획을 자꾸 변경하면서 결국은 우연에 휘둘리고 말 것이다.

다시 「기생충」으로 돌아가 기택의 가족이 왜 파국을 맞았는지 생각해보자. 기택은 계획이 없는 사람인 반면, 기택의 아들은 계획이 많은 사람이다. 그는 상황에 따라 매우 유연한 계획을 세우는 데다 치밀하기까지 하다. 기택의 아들은 본성이 사악한 사람도 아니며 누구를 해하려는 마음도 없다. 다만 그때그때 상황에 맞게 가장 효용성 높은 계획을 세울 뿐이다. 기택과 그 아들은 아주 다른 것 같지만 이들에게는 커다란 공통점이 하나 있다. 두 사람 다 삶의 원칙이 없다는 것이다. 원칙이 없는 사람은 계획이 있든 없든 그때그때의 상황에 따라 휘둘릴 뿐 삶의 일관된 방향성이 결여되어 있다.

인생에서 소위 성공한 위인들은 자기가 성공한 이유를 명확하게 설명하지 못한다. 앞서 사후과잉확신 편향에서 살펴봤듯이 현재의 성공에 대해 의미를 부여하고자 자신의 경험을 재구성하기도 한다. 의도적이라기보다는 그냥 그렇게 믿는 것이다. 그들은 자신의 성공이 필연적 과정이었음을 주장하거나, 친절하게 성공의 세부 계획이나 비결을 알려주기도 한다. 그러나 정작 주목할 것은 그들의 비법에 있지 않다. 그들의 비법은 시대 상황과 맥락이 다른 현재의 내 상황에 적용할 수 없고, 비법의 성공은 우연에 의한 것일 가능성도 무시하기 힘들다. 노벨상을 수상하는 위대한 생물학자들을 떠올려보자. 그들 중 일부는 우연히 발견한 새로운 유전자로 노벨상을 받았다. 전 세계에서 그들 외에도 아마 수천 명의 생물학자가 동일한 아이디어, 동일한 실험 방법으로 연구하고 있었을 것이다. 어떤 이들은 그들보다 더 열심히 연구하고 있었을 것이다.

여기서 위인들의 남다른 '노력'과 '비법'을 폄훼할 의도는 없다. 다만 우리는 각기 다른 그들의 비법에 주목할 것이 아니라, 그들의 공통점을 찾아야 한다. 위인들은 대부분 어려운 상황에서도 꾸준히 자신의 원칙을 지켜나갔다는 공통점을 가지고 있다. 그들도 우리처럼 실패한 경험이 있고, 성공한 경험도 있다. 그들의 경험의 총합이 성공에 이른 이유는 아마도 꾸준하고 반복적으로 옳은 방향의 삶을 일관되게 유지했기 때문일 것이다. 노력이란 그저 열심히 하는 것을 뜻하지 않을 수 있다. 진정한 노력의 정의는 실패를 반복해보는 것이 아닐까 싶다.

이순신 장군의 "가볍게 움직이지 말고, 태산처럼 신중하게 행동하라"는 명언은 전쟁을 성공으로 이끈 원칙인 동시에 그의 삶을 위대하게 이끈 원칙이기도 하다. 이 말을 명심하면서 한 번의 실패에 경거망동하지 말자.

예측은 가능한가?

환자라면 누구나 자신의 질병이 앞으로 어떻게 진행될지 궁금할 것이다. 그리고 자신의 주치의가 그 예후에 대해 알려주길 기대한다. 의사들은 다른 환자들의 데이터와 통계적 연구 결과를 토대로 담당 환자의 예후를 예측하고 이에 따른 치료 방침을 결정한다.

예를 들어 암 환자를 살펴보자. 암 환자는 암의 종류, 진행 정도 (병기) 등에 따라 환자를 여러 그룹으로 나누고, 그룹 간의 평균 생존 기간을 비교 분석한다. 의사들은 이러한 통계 분석을 바탕으로 자기 환자의 상태와 유사한 환자군의 평균적 결과를 근거 삼아 담당 환자의 예후를 예측한다. 그렇지만 엄밀히 말해 이것은 예측이라기보다 '아는 것'에 근거한 추론이라고 봐야 한다.

그렇다면 '예측'은 무엇이고 '아는 것에 근거한 추론'은 무엇일까? 우리는 과거 자료를 통계적으로 분석함으로써 앞으로 일어날 일에서도 동일한 양상이 나타날 것이라고 가정한다. 즉 과거의 데이터로부터 귀납적으로 결론을 추론할 수 있다. 그러나 이를 다른 상황에도 적용하려면 우리가 연구하는 그 자료가 모든 상황을 이미 포함한다는 전제가 뒷받침되어야 한다(이처럼 이상적인 집단을 진리의 집단(또는 모집단)이라고 한다. 자료 내용이 모집단과 유사하면 대표성이 있다고 한다). 그런 까닭에 일반 통계에서는 연구하는 집단이 편향되지 않은 전체 집단, 즉 모집단을 대표한다는 것을 우선 증명해야 하고, 대표성을 확보하기 위해서는 충분한 양의 데이터가 필요하다. 연구 집단의 대표성이 인정된다면, 이 데이터에서 귀납적으로 얻은 결론은 진리이며 이는 다른 상황에서도 한결같이 적용될 수 있다는 다분히 연역적인 논리가 요구된다.

즉 우리는 통계 결과를 통해서 진리를 알았기 때문에 다음에 일어날 일도 같으리라고 '아는 것'이지, 엄밀한 의미에서 예측은 아니라는 뜻이다. 따라서 통계에서의 예측은 이미 '아는 것'이 다음에도 같을 것이라는 연역적 추론이다.

뭔가 진리를 알게 된다면 미래는 이미 아는 것이나 다름없다. '아는' 미래를 피터 드러커는 "이미 일어난 미래"라고 표현했다. 이처럼 일상에서도 우리가 정확히 아는 것은 '이미 일어난 미래'나 다름없다. '모든 인간은 언젠가 죽는다' '당신은 1년 뒤에 한 살 더 먹을 것이다' 또는 '다음 주에도 주말은 올 것이다'와 같은 명제는 더없이 확실한 미래다.

역학의 발달을 통해 우리는 물리적 현상을 어느 정도 예측할 수 있게 되었다. 가령 로켓을 발사할 때 정확한 궤도를 예측할 수 있다. 이는 힘의 원리가 모든 물질에 언제 어디서나 적용 가능했기 때문이다. 이런 미래는 '계산 가능한 미래'라고 할 수 있다. 이상적인 통계 분석이 가능하다면 우리는 다른 부분에서도 '확실한' 미래를 알 수 있을 것이다. 확실한 미래를 알 수 있다면 우리에게 선택이라는 고민도 필요 없을지 모른다.

하지만 현실은 그렇지 않다. 수많은 문제에 있어서 '확실한' 예측은 어렵다. 나는 이 시험에 합격할 것인가? 내가 매수한 주식은 오를 것인가? 이런 것은 어느 누구도 자신 있게 예측하기 어렵다. 수학자 피에르 라플라스는 '우주의 모든 원자의 정확한 위치와 운동량을 알고 있는 가상의 존재'가 있다면 그 존재는 미래를 정확히 예측할 것이라고 생각했다. 그는 이를 '라플라스의 악마Laplace's Demon'라고 했다.[2] 사람들이 예언자를 바라는 마음은 옛날이나 과학이 발달한 지금이나 다르지 않다.

그렇다면 신은 모든 것을 예측할 수 있을까? 예컨대 성경을 잘 읽어보면 어느 구절에서도 신의 예측은 찾아볼 수 없다. 오직 예언자라는 사람의 예측이 있을 뿐이다. 성경에 의하면 신은 인간에게 자유의지를 주었다. 그러나 인간은 신이 예상하지 못한 일을 자주 저지르고, 이에 신은 놀라고 분노하며, 벌을 줄지 용서할지 고민한다. 이러한 신의 모습으로 미루어보건대 신은 인간들이 자유의지로 하는 행동을 모두 예상하지는 못한 것 같다. 사실 신에게는 예측이 필요 없다. 이 세상을 자기 의지대로 움직이고 만들어나갈 수 있기 때문이다. 신이 미래를 직접 언급하는 경우는 예언이 아니고, 미래에 대한 본인의 의지와 계획을 전달하는 것뿐이다. 예언자들은 신이 계획한 일을 전달하는 것뿐이지 미래에 일어날 사건을 스스로 예측하는 것이 아니다. 피터 드러커는 "미래를 예측하는 가장 좋은 방법은 미래를 창조하는 것이다"라는 말을 했다. 미래를 자기 의지대로 창조해가는 일은 신에게만 해당되지 않을 것이다. 우리는 신과 마찬가지로 자유의지를 선물 받은 유일한 피조물이다. 이는 신처럼 미래에 대한 우리 의지와 계획을 실현시켜나갈 권한을 부여받았다는 뜻이기도 하다. 물론 신과 달리 인간은 주어진 유한한 환경 안에서 그 의지를 실현할 수밖에 없고, 확률과 우연의 지배를 받으며, '이미 일어난 미래'를 바꿀 수도 없지만, 개인의 의지가 미래를 예측하는 변수 가운데 우리가 조정할 수 있는 가장 확실한 요소임에는 틀림없다.

예측보다는 어림짐작하기

전통적인 통계적 기법과 달리 현대 인공지능 또는 기계 학습은 '어림짐작heuristic'이라는 방법을 사용한다. 이는 말 그대로 대강 헤아리는 것일 뿐 정확한 예측이라고 할 수 없다. 다만 이 방법의 옳고 그름을 떠나 인간의 뇌도 학습과 예측에 이 방법을 많이 사용한다는 사실은 알 필요가 있다.

어느 바구니에 파란 구슬과 빨간 구슬이 들어 있는데, 이 바구니에서 몇 번 구슬을 뽑아보고 다시 집어넣은 후 어떤 색깔의 구슬이 많이 있는지 맞히는 게임을 한다고 해보자. 두 번 구슬을 꺼냈는데 파란 구슬이 한 번, 빨간 구슬이 한 번 나왔다면 그 바구니에는 두 색깔의 구슬이 반반 있으리라고 가정하는 게 어림짐작이다. 이는 전통적인 통계와 달리 내가 내린 결론이 진리가 아님을 인정하고 시작한다. 기계 학습에서 자주 사용하는 'heuristic'이라는 단어를 간혹 '직관'이라고 번역하는 사람도 있는데 이는 적절한 표현이 아니다(앞서 언급했듯이 직관은 다양한 사고의 내적인 총합의 결과다). Heuristic의 정확한 의미는 아무리 적은 수의 데이터에서라도 이를 이용해 확률값을 계산하거나 함수의 계수를 계산한다는 것이다. 물론 정답이 아니라는 것을 전제로 하며, 데이터가 많을수록 점점 정답에 가까워지기 때문에 우리는 이 과정을 학습이라 부른다. 즉 학습하기 전에는 멍청하지만, 공부를 많이 하면 똑똑해진다는 의미가 담겨 있다.

위의 바구니에서 구슬을 몇 개 더 뽑아보자. 세 번 더 뽑았더니 이번에는 파란 구슬만 세 개 나왔다. 어림짐작으로는 그다음에 나올 구슬을 예측할 수 있다. 물론 틀릴 수 있다는 전제하에. 어림짐작의 사고로는 다음에 파란 구슬이 나올 가능성이 5분의 4다(지금까지 우리는 파란 구슬 네 개와 빨간 구슬 한 개를 뽑았다). 어림짐작 기법은 정답을 찾지 못할 수도 있다. 그러나 늘 데이터가 부족한 현실에서 판단하는 근거로 삼기에는 실용적인 면이 있다. 게다가 데이터가 쌓이면 그 성능은 탁월하게 향상된다. 정확한 비율을 모르더라도 최소한 바구니 속에 어떤 구슬이 많이 있는지는 추정할 수 있다.

어림짐작 기법은 귀납적 사고를 하는 사람들의 결정장애 문제를 해결해줄 수 있다. 그렇다면 우리는 몇 번이나 더 구슬을 꺼내봐야 대강 헤아린 공의 비율을 신뢰할 수 있을까? 이는 '불확실성의 문제'로 귀결된다. 결정의 문제는 확실할 때는 일어나지 않으니 늘 불확실성의 문제가 뒤따르기 마련이다. 그럼 불확실성을 얼마나 줄여야 결정할 수 있는 걸까? 여기에 답하기 전에 현대 인공지능이 가진 결정의 문제를 통해 불확실성의 문제가 왜 중요한지 살펴보자.

결정의 문제에서 반드시 필요한 불확실성의 측정

어림짐작을 이용하는 인공지능이 신뢰를 얻으려면 많은 데이터가 필요하다. 적은 데이터로 판단한 어림짐작은 참확률이 아닐 가능성이 높기 때문에 '불확실한 확률'이라고 가정해야 한다. 그렇다면 우리는 현실에서 이 '불확실한 확률'로 어떻게 의사결정을 내릴 수 있을까?

2012년 토론토대학 그룹이 개발한 심층 합성곱 신경망Deep Convolutional Neural Network을 계기로 인공지능은 이미지 패턴 인식에 있어서 획기적인 발전을 이뤄냈다. 이 기술은 환자의 의료 영상을 통해 질병을 진단하는 데 활용되고 있다. 최근 몇몇 분야에서는 인간 전문의에 비해 더 높은 정확도로 질병을 진단한다. 이처럼 진단이나 감별에 사용되는 인공지능을 분류기Classifier라고 부르며, 이는 진단이 맞을 가능성을 확률로 보여준다. 분류기에서 마지막 출력값은 소프트맥스softmax라는 함수를 통과해 나오는데, 여기서 모든 가능한 출력값들의 합이 1이 되게 만든다. 즉 분류기는 각 분류가 정답일 확률값을 출력한다(그림 3).

$$Softmax(x_i) = \frac{\exp(x_i)}{\sum_j^n \exp(x_i)}$$

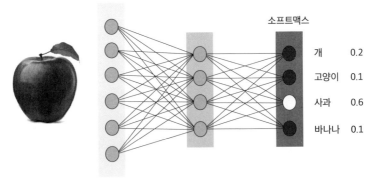

〔그림 3〕심층인공신경망의 구조와 소프트맥스 함수: 위 그림은 사과를 구별하는 인공신경망의 모식도다. 여기서 마지막 출력값은 모두 합산해서 1이 되도록 소프트맥스 함수를 이용했다. 마지막 출력 노드들은 각각 개·고양이·사과·바나나를 뜻하며, 정답이 정확히 맞는다면 1, 나머지는 0의 값을 갖는다. 위의 소프트맥스 함수에서 n은 분류하는 대상의 개수(위에서는 개, 고양이, 사과, 바나나로 4개)를 뜻하고, i는 관심 대상인 출력 노드다.

예를 들어 흉부 전산화 단층촬영 영상Chest CT으로 폐암을 진단하는 인공지능이 있다고 해보자. 분류기가 출력값으로 '암'과 '정상' 두 가지를 나타낸다고 했을 때, 영상을 입력하면 암일 확률이 0.2, 정상일 확률이 0.8이라는 식으로 결과를 출력할 것이다.

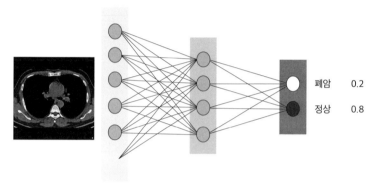

〔그림 4〕 흉부 전산화 단층촬영 영상으로 폐암을 진단했을 경우.

그렇다면 암일 확률이 0.2라는 의미는 우리의 판단에 어떤 도움이 될까? 만약 인공지능이 0.99의 확률로 정상이라고 한다면 더 신뢰할 수 있는 건가? 0.8보다 0.99는 더 신뢰 가는 것 아닌가?

당연한 것을 왜 물어보는지 잘 모르겠다면, 좀더 현실적인 예로 외과 의사 A와 B의 수술 신뢰도 문제를 생각해보자. 수술을 열 차례밖에 집도해보지 않은 신참 의사 A는 열 번 중 아홉 번의 수술을 성공적으로 해냈다. 이 의사의 수술 성공 확률은 90퍼센트다. 또 다른 의사 B는 3000회 이상의 집도를 했고, 수술 성공 확률은 88퍼센트다. 만약 내가 이 두 의사 중 한 명에게 수술을 받아야 한다면 누구한테 집도를 맡기는 게 좋을까?

신참 의사 A는 B보다 성공 확률이 높지만 왠지 불안감을 떨칠 수 없다. 우리가 그에게 막연한 불안을 느끼는 이유는 그의 '확률'을 믿을 수 없기 때문이다. 열 번이라는 적은 횟수에서는 우연이 큰 비중을 차지했을 수도 있다. 이것을 확률에 대한 신뢰도라고 한다. 우리는 의사 A에 대해 더 많은 데이터를 원한다. 데이터가 부족하면 그 확률이 99.9퍼센트라도 믿기 힘들다.

우리는 확률을 신뢰도로 착각할 때가 있다. 이를테면 99퍼센트의 가능성은 50퍼센트의 가능성보다 더 믿을 수 있다고 생각한다. 하지만 이는 어디까지나 그 확률값이 참확률일 때에만 해당된다. 우리가 현실에서 측정하는 확률들은 참확률이 아닐 때가 많으므로 확률의 신뢰도를 알아야만 한다.

3000회 이상 집도한 의사의 성공 확률 88퍼센트는 신뢰할 만하다. 또한 그 의사는 훨씬 더 다양한 환자에 대한 경험을 가지고 있을 것이다. 반면 신참 의사의 90퍼센트 확률은 아직 신뢰할 만하다고 보기 어렵다. 동전 던지기 예에서와 같이 그가 우연히 연달아 좋은 결과를 보였을 수도 있다. 게다가 그는 다양한 환자를 두루 경험하지 못했다. 이는 인공지능도 마찬가지다. 폐암을 진단하는 인공지능이 제아무리 폐암이 아닐 확률이 99퍼센트라고 하더라도 이를 신뢰할 만한 근거는 어디에도 없다.

확률로 의사결정을 하려면 우선 그 확률이 참확률에 얼마나 근접해 있는지 알아야 한다. 참확률이 존재할 가능성이 있는 확률의 범위를 확률 분포라고 한다. 앞서 언급한 5000명의 동전 던지기를 다시 생각해보자. 우리가 동전의 앞면이 나올 참확률을 모른다고 가정하자. 〔그림 1〕과 같이 5000명이 하루에 열 번 동전을 던졌을 때, 확률의 분포를 보면 우연의 요소에 의해 5000명은 각자 다양한 확률을 만들어냈다. 즉 확률의 분포는 매우 넓은 구간에 퍼져 있다. 우리는 그 5000명이 만들어낸 확률 가운데 어떤 것이 참확률인지 가늠하기 어렵다. 이 분포의 범위는 통계적으로 측정 가능하며 이 범위가 바로 확률의 불확실성을 말해준다.

5000명이 각각 동전 던지기를 백 번 반복한 〔그림 2〕의 그래프를 다시 살펴보자. 모든 사람에게서 앞면이 나올 확률은 0.5 주변으로 수렴된다. 또한 확률의 불확실성, 즉 확률 분포의 신뢰구간이 현저히 줄어 있다. 다시 말해 우리는 반복된 실험을 통해서 참확률이 0.5에 가까이 있음을 알 수 있다. 이 불확실성의 정도를 측정함으로써 비로소 우리의 확률이 얼마나 신뢰할 만한지 알게 되었고, 이제 의사결정을 할 조건이 만들어졌다고 볼 수 있다.

불확실성은 이처럼 부족한 데이터로 인한 어림짐작과 우연의 작용으로 인해 발생하며, 이를 의사결정에 활용하려면 우리가 추측한 '확률'이 얼마나 신뢰 가능한지 알아야 한다. 크리스 블레이크가 『결정의 기술』에서 "확실한 것은 아무것도 없다. 올바른 의사결정이란 확실하다는 것에 대한 환상을 버리고, 불확실성을 어떻게 다루어나가

느냐에 달려 있다"고 말했듯이 불확실성을 계산하는 것은 의사결정에 있어서 필수 요소다.[3]

불확실성이 측정되지 않은 확률은 아무 의미 없는 숫자에 불과하다. 에드먼 베골리 등이 2019년 『네이처 머신 인텔리전스Nature Machine Intelligence』에 기고한 논문에서 불확실성의 정량화가 없는 예측은 진정한 예측이라 볼 수 없으며 이런 확률은 의사결정에 사용할 수 없다고 주장한 것도 이와 같은 맥락에서다.[4]

기존의 딥러닝deep learning은 확률 분포를 구할 수 없는 기계 학습 방법이다. 이는 매우 복잡한 구조와 파라미터로 구성되어 있지만, 사실 복잡한 방정식으로 이뤄진 하나의 함수로 볼 수 있다. 이는 입력값에 대응하는 출력값만 제시하고 확률 분포에 대한 정보는 제공하지 않는데, 이러한 기계 학습 모델을 결정론적 모델deterministic model이라고 한다. 이런 모델은 많은 데이터를 학습하면 정확도가 올라가지만, 확률 분포를 알려주지 않는 탓에 중요한 의사결정에 활용할 수는 없다는 점을 명심해야 한다.

인공지능이 우리에게 사과일 가능성이 100퍼센트라고 하더라도 100퍼센트 확실하다는 뜻은 아니며, 폐암이 아닐 확률이 100퍼센트라고 하더라도 100퍼센트 확실하다는 뜻은 아님을 깊이 새겨야 한다. 의사결정에 있어서 확률을 고려할 때, 그것이 전문가의 의견이건 인공지능의 의견이건 그들이 제시하는 확률값을 그대로 믿어서는 안 된다. 우리는 반드시 이렇게 물어봐야 한다.

사람: 이거 사과 맞아?

인공지능: 사과입니다.

사람: 얼마나 확신하는데?

인공지능: 99퍼센트의 확률로 확신합니다.

사람: 그 확률은 얼마나 확실한데?

인공지능: ……

인공지능 분야에서 최근에는 불확실성을 측정하는 다양한 확률 모델probabilistic model이 개발되고 있다. 기계 학습에서 불확실성의 측정은 확률 분포를 추정하는 통계적 모델, 특히 베이지안 모델을 이용함으로써 가능하다. 인공신경망도 불확실성의 측정이 가능한 베이지안 인공신경망Bayesian neural network의 연구가 이루어지고 있다.

선택의 가치
∴

여러 옵션 가운데 그 가치들이 확실하다면 우리는 '선택'을 고민할 필요가 없다. 가장 좋은 가치를 고르면 그만이다. 선택의 문제가 생기는 이유는 옵션들의 가치가 불확실하기 때문이다. 그렇다면 불확실한 가치는 어떻게 표현하면 좋을까?

가치는 확률을 고려해서 평가하라

우리는 1등 당첨금이 10억 원인 복권 한 장의 가치가 10억 원이 아니라는 사실을 알고 있다. 복권 당첨은 대표적인 확률 문제다. 복권은 대개 발행 매수와 당첨 복권의 수가 투명하게 알려져 있어 참확률을 미리 알고 있다고 볼 수 있다. 우리가 미리 복권의 당첨 확률을 알 때, 그 확률 자체의 불확실성은 의사결정에 큰 영향을 미친다. 복권 당첨의 참확률이 0.01퍼센트와 1퍼센트일 때 우리는 다른 선택을 하게 될 것이다.

여기서 가장 중요한 것을 빠뜨렸다. 그 복권을 살지 말지 결정하는 데 있어 당첨금이 얼마인가가 가장 중요한 요소일 것이다. 만약 한 장에 1000원인 복권의 당첨금이 1000만 원이라면 그 복권을 살 텐가? 아니면 당첨금이 1억 원이어야 그 복권을 살 텐가?

순서는 복권 한 장의 가치를 먼저 생각하는 것이다. 과연 이 복권은 1000원을 주고 살 가치가 있나? 만약 당첨되지 않는다면 이것은 휴지 조각에 불과하다. 그럼에도 우리는 이 복권의 미래 가치를 예상하고 기꺼이 1000원을 지불한다. 이렇게 미래에 기대되는 가치를 기댓값이라고 한다. 당첨금과 당첨될 확률을 안다면 기댓값은 다음과 같이 표현할 수 있다.

$$기댓값 = 당첨금 \times 당첨\ 확률$$

확률이 100퍼센트 즉 1이라면 당첨금을 모두 받는 것이고, 당첨 확률이 50퍼센트라면 당첨금의 반이 기댓값이 되는 것이다. 즉 기댓값은 실제 당첨금에서 기대되는 확률만큼만 기대하자는 것이다. 1000분의 1의 당첨 확률을 갖는 복권 A의 당첨금이 1000만 원이라면, A 복권 한 장이 갖는 기댓값은 1만 원이 된다. 1000분의 1의 당첨 확률을 갖는 복권 B의 당첨금이 1억 원이라면, B 복권 한 장의 기댓값은 10만 원일 것이다.

	당첨 확률	당첨금	계산식	기댓값
A	0.001	1000만 원	0.001×1000만 원	1만 원
B	0.001	1억 원	0.001×1억 원	10만 원

같은 확률이라면, 우리는 기댓값이 큰 B 복권을 선택해야 유리하다는 것을 본능적으로 알고 있다. 기댓값의 관점에서도 B 복권을 사는 것이 합리적이다. 기댓값은 불확실한 가치를 수치화함으로써 우리가 선택하는 데 더 명확한 근거를 마련해준다.

그러나 당첨금은 높지만 확률이 매우 낮은 복권이라면 기댓값만 고려해서 선택하기에는 뭔가 내키지 않는다. 예를 들어 A 복권의 당첨 확률은 20퍼센트이고 당첨금은 100만 원이며, B 복권은 당첨 확률이 0.01퍼센트이고 당첨금이 100억 원이라고 해보자. A 복권은 당첨 확률이 20퍼센트나 되어 당첨될 가능성은 높지만 기댓값(20만 원)이 적고, B 복권은 당첨 확률이 1만 명 중 한 명이지만, 기댓값(100만 원)이 크다. 기댓값의 논리로만 따진다면 B를 선택하는 것이 맞지만,

왠지 당첨 가능성이 좀더 높은 A를 선택하고 싶어진다. 복권의 가격이 1000원이라면, B 복권이 당첨되기 위해서 적어도 1만 장의 복권, 즉 1000만 원의 비용을 지불해야 한다.

	당첨 확률	당첨금	계산식	기댓값
A	0.2	100만 원	0.2×100만 원	20만 원
B	0.0001	100억 원	0.0001×100억 원	100만 원

운이 나쁘면 그중에 당첨 복권이 없을 수도 있다. 100억 원의 당첨금을 기대하며 1000만 원을 지불할 사람은 많지 않을 것이다. 내가 소유하고 있는 가장 확실한 돈을 1000만 원이나 들여 불확실한 100억 원과 바꾸려는 사람은 많지 않은 것이다. B 복권의 당첨금 100억 원은 1만 번을 시도해야 나올 수 있는 값이므로 현실적으로 고려할 때 A 복권에 비해 당장 나에게 이득이 되지 않는다.

불확실한 상황에서 당장 이득이 될 수 있는 가치를 효용성utility이라고 한다. 즉 경제학자들은 주관적인 선호도나 불확실성을 반영한 가치를 효용성이라고 부르는데, 이는 당장 사용할 수 있는 가치 또는 주관적인 만족도의 크기를 일컫는다.

한 번에 결정해야 하는 문제에는 효용적 가치를 고려하라

스위스의 수학자인 니콜라우스 베르누이는 기댓값이 아무리 크더라도 확률이 매우 적다면 보통 사람들은 이를 선택하지 않는다는 점을 발견했다. 이는 기댓값의 가치만으로는 설명할 수 없는 문제였다. 베르누이는 이러한 수학적 모순을 해결하기 위해 기대 효용 이론을 제시하게 되었다. 즉 당장 효용성이 떨어지는 가치에 대해서는 기댓값을 더 감소시키자는 이론이다.[5]

프리드먼과 새비지는 이 개념을 더 발전시켜 불확실성이 큰 문제에 '효용 함수utility function'를 도입함으로써 주관적인 기대치를 표현하고자 했다.[6] 이 효용 함수를 사용함으로써 위중도, 불확실성, 또는 개인적인 믿음 등 주관적인 '취향'을 수학적 의사결정 문제에 도입할 수 있게 되었다. 효용 함수는 개인마다 차이가 있을 수 있지만, 일반적으로 위중도 혹은 불확실성이 크거나, 결과가 나올 때까지 시간이 오래 걸리는 문제에서 기댓값을 더 낮게 보도록 설계되어 있다. 불확실한 가치는 당장에 효용성이 적다는 뜻으로, 기댓값에 대한 다소 보수적 또는 염세적 입장이라고 보면 될 것이다.

효용 함수를 좀더 단순화해 감쇠 효과로 표현할 수도 있다. 인공지능의 한 분야인 강화학습에서는 효용성과 불확실성을 '감쇠 효과 상수'로 표현한다. 이는 1보다 작은 상수로서 누적될수록 기댓값이 감소한다.

예컨대 오늘 점심에 맛있는 인도 식당을 가고 싶다고 해보자. 우선 구글 검색으로 서울에 있는 인도 식당의 별점을 살펴본다. A 식당과 B 식당의 별점이 4.5로 같다면 어느 식당을 선택하는 것이 효용성 높을까? 이때 우리는 일반적으로 리뷰자 수를 참고한다. 만약 A 식당의 리뷰자 수가 10명 이하라면 그 별점은 믿기가 좀 어렵다. 그

식당 직원이나 가족의 리뷰가 많이 섞여 있을 가능성이 높기 때문이다. 반면 B 식당의 리뷰자 수는 300명이라면 그곳의 별점이 더 신뢰할 만하다고 생각할 것이다. 이는 앞서 살펴본 확률의 신뢰도 문제로도 볼 수 있다. 그러나 우리는 이 경우 신뢰구간을 계산할 수 없으니, 좀더 단순한 효용성 이론의 감쇠 효과를 적용해보자. 즉 데이터가 적은 A 식당은 비록 B 식당과 같은 평균 별점이 매겨졌더라도 효용성이 낮다고 보는 것이다.

이 방법은 간편하면서 크게 손해 볼 일이 없다. 따라서 이 방법은 개인의 원칙과 취향의 영향을 많이 받는 다소 주관적인 문제에 활용할 수 있다. 뒤에서 다시 살펴볼 텐데, 기업가는 이 효용성을 강조함으로써 소비자의 구매욕을 자극할 수도 있다. 또한 단 한 번에 모든 결정을 내려야 하거나, 위험도가 높은 결정과 같이 불확실성을 고려해 좀더 보수적인 판단을 해야 한다면 효용성 이론이 매우 유용하다. 반면 반복할 수 있는 결정의 경우 최선의 선택을 찾기 위한 좀더 낙천적 방식을 활용할 수 있다. '탐색' 편에서는 불확실한 상황에서 반복적인 선택이 가능한 상황을 살펴볼 것이다.

과다한 심리적 감쇠 효과에 주의하라

최근 젊은 층에서 유행하는 용어인 '소확행'은 효용성의 가치를 잘 설명해준다. 이 단어는 '소소하지만 확실한 행복'의 약어로서, 소설가 무라카미 하루키가 레이먼드 카버의 단편소설 「별것 아닌 것 같지만, 도움이 되는A Small, Good Thing」에서 따와 만든 신조어라고 한다. 이 또한 불확실성에 대한 감쇠 효과를 고려한 의사결정이라고 할 수 있다. 소확행은 어렵고 불확실한 미래의 큰 이익에 시간과 노력을 들이기보다는 작지만 당장 눈앞의 확실한 이익을 선택하는 의사결정 방식이며 효용성 측면에서 합리적이라고 볼 수 있다. 또한 소확행은 시간이 오래 걸리고 어려운 문제를 해결해야 하는 사람들에게 활력을 주는 휴식거리가 되기도 하고, 달콤한 중간 보상이 되기도 하는 긍정적인 측면을 가지고 있다. 난이도 높고 장기간 진행되는 문제는 보상 없이 견뎌야 하는 시간이 길다. 그 긴 시간 동안 지치지 않기 위해 우리는 소확행을 활용할 필요가 있다. 그러나 소확행에 과도하게 몰두하거나, 당장의 효용성만 강조하다보면 우리의 미래는 더 불확실해진다는 점을 간과해서는 안 된다.

효용성의 문제에서는 객관적 불확실성뿐만 아니라, 개인의 심리적 감쇠율도 큰 역할을 한다. 심리적 감쇠 효과를 적게 느끼는 사람은 현실의 이익보다는 불확실한 미래에 가치를 크게 두며, 성취도도 높고 진취적일 가능성이 크다(이들은 자신의 노력과 인내에 대한 보상을 자주 경험한 부류다). 반면 심리적 감쇠 효과를 크게 느끼는 사람은 미래의 가치를 효용적 가치가 없는 사안으로 여기고 당장의 이익에 몰두할 가능성이 높다. 이들은 미래의 가치에 대한 긍정적인 경험이 없거나, 자신의 노력에 대해 실망한 경험이 자주 있어 오래 기다리는 일이나 불확실한 가치에 심리적 감쇠 효과를 크게 느낀다.

심리적 감쇠 효과는 위중도가 큰 문제에서 더 커지는 경향이 있다. 이에 따라 위중도가 큰 문제가 마치 효용성이 적은 문제로 여겨지기도 한다. 반면 위중도가 적은 문제는 심리적 감쇠가 적어 효용성이 큰 문제로 보일 수 있다. 이 현상은 1장 의사결정의 순간에서 '선택의 어려움'이 우리 결정의 자유도에 영향을 주었던 것과 동일하다.

우리는 어려운 문제를 직접 대면하기보다 쉬운 문제를 해결함으로써 어려운 문제가 해결됐을 거라 믿지만, 쉬운 결정을 아무리 많이 해도 위중한 결정이 되지는 못한다. 다시 말해 심리적 감쇠 효과는 중요한 가치를 왜곡할 수 있으므로 늘 경계해야 한다.

효용성의 논리만으로는 최적의 선택에 이를 수 없다

경제학자들의 기대 효용성 연구는 인간의 본능적인 행동 심리를 수학적으로 계산해 소비자의 만족도를 예측함으로써 기업의 이윤을 최대화하는 데 기여하고 있다.

기업의 마케팅 목표는 소비자의 효용성 심리를 극대화해 그들이 당장 소비하게 만드는 것이다. 기업이 제공하는 효용성은 눈앞의 이익뿐만 아니라 편리함일 수도 있고, 정서적 만족감일 수도 있다. 기업들이 창출하는 가치는 바로 효용성이며, 디자인 개발이나 기술 개발의 목표 또한 효용성의 증대에 있다. 더 빠르고 편리한 통신 서비스, 배달 서비스, 더 선명한 화질의 텔레비전과 더 빠르고 편안한 자동차 등이 효용성 증대를 통한 가치 창출의 좋은 예다. 이러한 효용성을 근거로 소비자들을 설득함으로써 그들이 기꺼이 비용을 지불하게 만든다. 한편 소비자 입장에서 지금의 효용성에 비용을 지불하는 것은 미래 가치의 손실을 감수하는 일이다. 따라서 기업이 제공하는 효용성이 과연 내가 미래의 가치를 미리 사용함으로써 좀더 가난해지는 것을 감수할 만큼의 가치를 지니는지 잘 따져볼 필요가 있다.

기대 효용성 이론에서 발생하는 한 가지 문제는, 심리적 또는 주관적 감쇠 효과에 근거해 기댓값을 감소시키는 것이 과연 정당한가 하는 점이다. 사실 주관적 감쇠 효과는 기댓값의 실체와는 아무 관련이 없을 때가 많다. 앞서 불확실성이 효용성을 떨어뜨리는 것을 살펴봤지만, 사실 불확실성은 선택의 만족도와는 아무 상관이 없다. 예를 들어 두 상자가 있는데 하나는 속이 들여다보이고 다른 하나는 보이지 않는다고 해보자. 속이 보이는 상자에는 1000원이 들어 있고, 보이지 않는 상자에는 1만 원이 들어 있다고 할 때, 속이 보이지 않는다고 해서 그 상자의 고유 가치가 1만 원에서 1000원으로 떨어지지는 않는다. 기대 효용성의 관점에서는 불확실한 상자보다 당장 눈에 보이는 1000원을 택하는 것이 맞지만, 이런 방법으로는 결국 최적의 선택에 도달하지 못한다. 이 문제에서는 속이 보이는 상자가 효용성이 높다고 보고 선택을 서두르기보다는 결정을 내리기 전에 이 문제의 조건만으로 합리적 의사결정을 할 수 있을지 생각해봐야 한다.

조급함이 키우는 효용성의 가치

1장에서 설명한 것과 같이 결정을 내리기 전에 우리는 최적의 결정이 가능한 환경인가를 먼저 확인해야 한다. 즉 선택의 자유도를 점검해볼 필요가 있는 것이다. 만약 자유도가 크게 제한됐지만 응급한 상황이 아니라면, 우리는 선택을 보류하고 더 많은 정보를 수집하는 단계인 탐색에 들어가야 한다. 하지만 과연 말대로 쉬울까? 많은 사람은 불확실성이 큰 상황에서 오히려 결정을 서두르는 경향이 있고, 사후에 자신의 의사결정을 기대 효용성의 논리로 합리화한다.

홈쇼핑을 예로 들어 이 상황이 소비자가 최적의 결정을 할 수 있는 환경인지 생각해보자. 홈쇼핑 방송이 소비자에게 매우 불공정한 결정의 환경인 이유로는 수십 가지를 꼽을 수 있지만, 우선 효용성과 선택의 자유도 측면에서 중요한 몇 가지만 짚어보겠다.

첫째, 홈쇼핑의 상품은 비교 대상이 없다. 이는 선택의 다양성 측면에서 자유를 제한한다. 또한 비교 대상의 정보가 없는 상태에서 한 가지 제품의 효용성만 강조된다. 쇼핑 호스트들은 그 제품의 효용성을 다양한 측면에서 방송 내내 강조하지만 우리는 그것이 다른 제품에 비해 얼마나 우수한지 따져볼 수 없다.

둘째, 이 제품은 지금 이 시간에만 할인한다. 같은 제품이라도 미래 가격의 불확실성이 큰 상태에서 현재 가격의 효용성이 더 크게 인식된다.

셋째, 수량이 한정되어 있다. 이 수량이 선택 옵션의 수라고 생각하면, 그 한정 수량이 줄어들수록 우리는 선택의 자유도가 줄어드는 듯한 압박감을 느낀다. 이는 소비자를 더 조급하게 만드는 요인이다.

넷째, 지금 바로 선택해야 한다. 즉 이 제품의 효용성 외에 모든 것이 불확실한 상황에서 한정된 시간 안에 빠른 결정을 내려야만 한다. 우리는 마치 탐색 기회가 전혀 없는 한 번뿐인 선택을 해야 하는 상황에 직면한 것처럼 느낀다. 이때 내게 가장 현명한 선택이란 현재 가장 확실하고 효용성이 가장 큰 이 제품을 당장 구매하는 것이다. 이렇듯 조급함에 떠밀린 결정, 마치 신속한 결정이 필요한 것처럼 조성된 상황은 눈앞의 효용성을 극대화시킨다.

우리는 간혹 불확실성이 큰 상황에서 신속한 결정을 내려야 하는 처지에 놓이기도 하지만, 따져보면 그렇게 급한 경우는 드물다. 공정한 결정이 가능한 상황이 아니라면 결정을 보류하는 것이 옳다. 소설가 프란츠 카프카는 '인간의 원죄는 성급함에서 왔다'고 말했는데, 이는 성급한 결정으로 잘못된 선택을 하는 것이 모든 죄의 뿌리라는 의미다. 잘못된 선택은 나에게 개인적인 후회를 넘어 죄가 될 수 있다고 할 정도니 우리는 좀더 신중해질 필요가 있다.

선택을 보류하는 용기가 필요하다

성급한 결정이란 결국 결정을 내리기 전에 그 조건을 충분히 생각하지 않았음을 뜻한다. 이럴 때 결정을 보류하는 용기가 필요하다. 결정을 잠시 미뤘다면, 그다음에 할 일은 바로 탐색이다. 불확실성이 큰 영역을 탐색해 선택의 불확실성을 줄여야 한다. 이를 위해서 들어가는 비용과 수고를 기꺼이 감수해야만 우리는 최적의 선택에 이를 수 있다.

의사가 환자를 진료할 때를 생각해보자. 최근 인공지능은 의료 영상 판독에서 인간의 수준을 뛰어넘는 우수한 정확성을 보여주고 있다. 이 인공지능이 환자의 영상 이미지에서 종괴를 발견했는데 이것이 악성 종양일 가능성은 55퍼센트, 양성 종양일 가능성은 45퍼센트라고 의사에게 보고했다고 해보자. 보고 받은 의사는 최종 판단을 어떻게 해야 옳을까? 환자의 다급한 심정을 헤아려 단순히 확률이 높은 쪽을 선택할 것인가? 이 문제를 기대 효용성 측면에서 살펴보자. 악성 종양을 오인해서 양성이라고 판단할 때 들어갈 기대 비용과 양성 종양을 오인해 악성 종양이라고 판단할 때 들어갈 기대 비용을 따져보자.

인공지능이 판단한 확률적 차이는 불확실하지만, 악성을 양성으로 오진했을 때 들어가는 기대 비용이 더 크기 때문에 의사 입장에서는 이 종양을 악성으로 간주하는 것이 효용성이 더 높다. 그렇다면 이것이 최적의 판단일까? 사실 선택의 옵션에 두 가지만 있는 것은 아니다. '판단의 보류'라는 제3의 선택지가 존재한다. 불확실성이 큰 경우 또는 정보가 부족한 경우 억지로 효용성의 가치를 찾기보다는 자존심을 내려놓고 판단을 보류하는 것이 현명하다.

2018년부터 구글의 인공지능 이미지 분류기는 고릴라를 분류하길 거부했다. 구글은 이전에 사람을 고릴라로 잘못 분류해 인종 편견 문제로 곤욕을 치른 적이 있기에 논란의 여지가 있는 이미지는 정답을 보류하기로 결정한 것이다. 최근에는 남녀 성별을 이미지로 유추하는 부분을 아예 '사람person'으로 변경했다고 한다. 이 같은 판단의 보류는 그러나 인위적으로 정답을 바꾼 것에 불과하며, 근본적인 알고리즘의 변화를 뜻하지는 않는다. 심층 합성곱 신경망에 기반한 이미지 분류 알고리즘은 분류의 모호한 경계를 표현하거나 분류의 근거를 설명하는 측면에서 취약하다. 인공신경망에 기반한 인공지능은 현재 상황이 판단을 위한 충분조건인지 아닌지 인지하지 못한 채 무조건 결과값을 출력한다. 그런 탓에 모호한 상황이라도 상관 않고 판단하도록 프로그램되어 있다. 앞으로는 확률 기반의 인공지능과 설명 가능한 인공지능의 연구에 힘입어 현재 상태가 판단을 위한 적절한 조건인지, 적절한 조건이 되기 위해서 더 필요한 데이터는 무엇인지 인지할 수 있는 인공지능이 개발되리라 기대해본다.

다시 앞의 환자 얘기로 돌아가보자. 종양의 악성 여부에 대한 판단을 거부한 의사와 그 말을 들은 환자는 그 후 어떻게 됐을까? 의사는 즉각적인 판단을 보류하고 더 많은 정보를 수집하는 적극적인 탐색을 시작한다. 그것은 조직검사와 같은 추가 검사일 수도 있고, 일정 시간을 두고 종양을 관찰하는 과정이 될 수도 있다. 짧은 시간 안에 종양이 커진다면 악성일 가능성이 높아진다. 이처럼 성급한 결정을 보류하고 불확실성을 줄이려 노력하면 좀더 좋은 선택지를 찾을 수 있다.

효용성은 선택의 기회가 단 한 번뿐인 문제에서는 여전히 의미 있는 가치다. 반면 여러 번 선택할 수 있거나 탐색이 가능할 때는 효용성의 가치가 떨어진다. 그렇다고 비용과 시간이 들어가는 탐색을 무한히 반복할 수는 없다. 따라서 효용성이 높은 쪽을 바로 선택할지(이를 가치의 활용이라고 한다), 아니면 불확실성이 큰 가치를 우선 탐색할지에 관한 문제는 매우 어렵다.

이를 탐색과 활용의 딜레마Explore-exploit dilemma라고 하며, 인공지능 연구자들은 탐색과 활용을 적절히 섞어서 최적의 결정법을 찾으려 애쓰고 있다.

탐색: 현명해지는 법

∴

인간은 태어나자마자 혼자서는 아무것도 할 수 없다. 태어난 지 1년은 지나야 겨우 걷기 시작하는데 이때도 수많은 시행착오를 거친다. 우리는 처음 접하는 일과 환경에서는 신생아와 다를 바 없다. 처음 하는 어떤 일도 시행착오 없이 잘해내기는 어렵다.

인생의 선배들은 젊은 시절에 많은 것을 경험해보는 게 좋다고 말한다. 잘 모르는 일을 시도해보는 것은 흥분을 자아내지만, 위험을 감수해야 하고, 에너지도 쏟아부어야 한다. 이처럼 잘하는 일을 하는 게 아니라, 경험이 부족한 부분을 선택하는 것을 '탐색'이라 한다 (여기서 주의할 점은, 탐색은 선택의 기회가 한 번에 끝나는 문제가 아니라 여러 번 시도해볼 수 있는 문제에만 해당된다는 것이다. 즉 아래에서는 선택의 기회가 여러 번 있을 수 있는 문제만 다룰 것이다).

탐색을 통해 결정에 유리한 조건을 만들어라

최적의 결정을 위한 조건을 만들려면 자유도의 증가가 중요하다. 자유도의 증가를 위해서는 탐색이 필수 요소다. 다양한 탐색은 선택의 다양성을 증가시킨다. 그리고 탐색의 빈도가 증가하면 불확실성이 줄어든다. 이렇게 선택의 자유도를 증가시킴으로써 나는 최선의 선택을 할 수 있는 유리한 환경을 획득한다.

$$결정의\ 자유도\uparrow \propto \frac{선택의\ 다양성\uparrow}{불확실성\downarrow} \impliedby 탐색\ 효과$$

우리에게 어떤 선택의 문제가 주어질 때, 사전 정보가 전혀 없을 뿐더러 탐색의 기회 또한 보장되지 않았다면, 성급하게 결정하지 말아야 한다. 이것은 매우 불공정한 상황으로, 아무리 뛰어난 전략가나 용한 점쟁이라도 별수 없다. 이럴 때는 무리하게 결정하기보다 탐색을 통해 의사결정 환경을 유리하게 조성해야 한다. 탐색이란 최선의 선택을 하는 과정이 아니라, 그냥 한번 테스트해보는 과정임을 명확히 이해해야 한다.

탐색의 결과를 평가하는 것은 바람직하지 않다. 탐색할 때는 그 결과가 좋으리라 기대하기 어렵고, 탐색의 결과가 나쁘다고 해서 자신한테 실망할 필요도 없다. 탐색은 단지 더 나은 결정을 위한 정보 수집 단계일 뿐이며, 이를 위한 투자의 시간이다. 그러니 우리는 탐색에 필요한 비용과 시간을 할당해야만 한다.

탐색은 언제 중지해야 하는가?

우리는 탐색에 비용을 얼마나 써야 할지, 언제까지 해야 할지에 대해서 배운 적이 없다. 과연 얼마나 많은 비용과 시간을 용납해야 할까? 젊은 시절에는 사서 하는 고생도 좋다는데 그 경험을 어떻게, 몇 번, 몇 살까지 해야 하는 걸까?

『결정의 기술』에서 크리스 블레이크가 언급한 인간의 '탐색 중지 신호'를 먼저 살펴보자.

인간은 빠르고 효과적인 결정을 위해 어느 정도 탐색이 이루어졌다고 판단하면 이를 종료하고 진정한 결정을 수행한다. 이때 인간은 '만족'과 '알고 있음'이라는 두 가지 탐색 중지 신호에 따라 탐색 과정을 중단한다. '만족'은 탐색을 통해 긍정적인 감정이 누적된 상태를 말하며, '알고 있음'은 자신이 이미 알고 있다는 자각을 말한다. 잘 알고 있다는 자각은 가장 확실한 탐색 중지 신호다. 퇴근 후 운전해서 집으로 가는 경우를 생각해보자. 이때 우리는 새로운 교통수단이나 새로운 길을 탐색하지 않는다. 우리는 지난 수년간 그 길을 잘 알고 있다고 생각해왔기 때문이다.

'만족'에 의한 탐색의 중지는 매우 주관적인 의사결정 과정이다. 즉 취향과 관련 있다. 사람들은 관심 없는 문제에 대해서는 탐색의 효용성을 느끼지 못하며, 그 비용을 낭비라고 여기곤 한다. 이에 따라 관심 없는 사안에 관한 한 매우 적은 탐색도 충분하다고 생각한다.

사실 만족에 의한 탐색 중지 신호는 선택을 위한 최적의 환경을 보장하지 않는다. 그렇더라도 효용성 측면에서는 어느 정도 만족감이 드는 옵션을 찾았다면 탐색을 중지하는 것이 좋다. 예컨대 우리가 백화점에 옷을 사러 갔다면, 만족스러운 옷을 찾은 순간 탐색을 중지할 것이다. 비록 이것은 매우 주관적이지만 효용성 측면에서 보면 틀린 의사결정이라고 보기 어렵다. 나에게는 빠른 선택이 주는 효용성이 탐색에 들어가는 비용과 시간에 비해 더 크기 때문이다.

탐색을 더 많이 하면 더 큰 가치를 가진 옵션을 찾을 수도 있겠지만, 그 가치는 들어간 탐색 비용과 시간을 고려하면 어느 정도 평가 절하되어야 한다. 탐색의 횟수에도 반복에 따른 감쇠 효과가 필요한 것이다.

탐색의 열정을 유지하라

'안다는 것'을 기준으로 탐색을 중지하는 것도 최선의 선택으로 귀결되지는 않는다. 운전 중에 길이 막힐 때, 내가 잘 아는 길로 가는 것보다 내비게이션이 안내하는 길로 가는 것이 시간을 단축시킬 가능성이 높다. 내비게이션은 실시간 교통 정보에 기반해 의사결정을 하기 때문이다. 이처럼 '안다는 것'에 의해 탐색을 중지하는 것은 연역적 판단이 가진 잠재적 오류들을 내포하고 있다.

의류 회사가 좋은 옷을 만들기 위해 투자하는 비용보다 브랜드 인지도에 더 많은 비용을 투자하는 것은 인간이 가진 '후광 효과'와 같은 인지적 오류를 최대한 활용하기 위함이다. 나는 이 브랜드를 잘 알기 때문에 더 이상 다른 브랜드를 탐색하지 않는데, 이것을 '브랜드 충성도'라 볼 수 있다. 의류 이외의 제품에서도 브랜드 충성도가 높으면 제품의 효용성이 향상되지 않더라도 소비자는 다른 브랜드를 잘 탐색하려들지 않을 것이다. 기업 입장에서는 안정적인 고객을 확보하게 되는 셈이나, 소비자가 브랜드 충성도에 젖어 탐색의 열정을 아낀다면, 더 많은 선택의 자유를 즐길 수 없을뿐더러 더 좋은 제품을 만날 기회도 놓친다.

사상가와 지식인들은 자신이 잘 아는 일부 명제를 확장시켜 다른 상황의 문제들도 잘 안다고 착각하곤 한다. 이들은 과거의 성공적인 경험을 토대로 현재의 새로운 상황에 대한 탐색 없이 성급한 의사결정을 하기도 한다. 직장 상사의 '나 때는 말이야'는 후배의 상황을 정확히 모르면서 성급한 판단을 하거나, 혹은 자기 경험을 현재 상황에 무리하게 적용하는 예라 할 수 있다. 나이가 들면 경험한 것과 아는 것이 자연스레 많아지니, 호기심과 탐색에 대한 열정도 떨어진다. 그들은 새로운 것을 찾아보는 에너지를 아끼고, 이미 알고 있는 사실에 기반해 연역적 판단을 하기 쉽다. 이럴 때는 선택의 자유라는 유연함을 잃을 뿐만 아니라, 최적의 결정에 도달할 수도 없다. 이른바 '꼰대'가 되지 않으려면 새로운 상황과 사람에 관심을 갖고, 미리 짐작해서 결론 내리지 말고, 다른 옵션에 대한 호기심과 탐색의 열정을 잃어버리지 않는 것이 좋다.

효과적인 탐색 방법: 인공지능에게서 배우다

인간의 탐색 중지 신호가 매우 주관적이며 때로 합리적이지 못하다면, 탐색은 언제까지 얼마나 하는 것이 수학적으로 가장 효과적일까? 많은 인공지능 연구자는 좀더 합리적이고 효율적인 탐색 방법을 컴퓨터 시뮬레이션을 통해 연구하고 있다. 인공지능도 젊고 탐색의 열정이 넘치는 알고리즘이 있는가 하면, 효율적이긴 하나 '꼰대'가 되어버리는 알고리즘도 있다.

개발자들은 탐색의 열정을 유지하면서도 최소한의 비용을 치르고 쉽사리 '꼰대'가 되지 않는 알고리즘을 개발하기 위해 노력하고 있다. 이 방법들을 일상에 잘 활용한다면 우리는 의사결정을 위한 탐색 과정을 좀더 합리적으로 수행할 수 있을 것이다. 그럼 몇 가지 인공지능의 탐색 기법에 대해 알아보자.

탐색의 열정이 넘치는 무작위 탐색

가장 단순한 무작위 탐색 방법부터 살펴보자. 이것은 말 그대로 임의로 선택하는 방법이다. 규칙이 없는 복잡한 환경에서 최선의 선택지를 찾으려면 다른 방도가 없다. 의학 분야에서는 신약의 효과와 부작용을 검증하기 위한 임상시험에 이 방법을 쓴다. 사람이라는 생명체는 아직 우리가 이해하지 못하는 매우 복잡한 환경을 가지고 있다. 아무리 동물 실험으로 검증이 끝난 약물이라도 인간을 대상으로 한 무작위 임상시험의 결과가 없다면 그 효능은 인정받지 못한다. 이는 많은 비용과 시간이 드는 방법이지만 생명과 안전을 지키기 위해서는 가치 있는 일이다.

무작위 임상시험은 진짜 약을 주는 그룹과 가짜 약을 주는 그룹에 환자를 임의로 배정하고 두 그룹의 평균 효과가 통계상 유의미하게 차이 있는지 평가한다. 사실 각 개인의 특성에 따라 약물의 효과나 부작용에는 차이가 있을 수 있다. 진정한 치료 효과를 보려면 똑같은 사람과 똑같은 환경에서 약물을 준 경우와 그렇지 않은 경우를 비교해야 하지만 동시에 두 가지를 수행하는 것은 불가능하다. 그렇다고 모든 조건이 동일한 환자를 찾는 것도 어렵다. 이때 무작위 배정의 힘이 발휘된다. 무작위 배정은 환자와 그 환경을 고려하지 않는다는 뜻이며, 무작위 배정 환자의 수가 많아지면 결국 모든 복잡한 요소가 고르게 분포될 것이라고 가정한다. 따라서 우리는 세세한 부분에 따라 환자를 공평하게 배분하지 않아도 무작위 방법을 쓰면 편향되지 않은 결과를 가질 수 있다.

인공지능도 아무 정보가 없을 때는 무작위 탐색을 이용한다. 이것은 시간과 비용이 많이 들어가는 일이지만 편향되지 않은 정보를 수집하는 유일한 방법이다. 다만 정보가 어느 정도 누적된 상태에서조차 계속 무작위로 탐색만 해서는 안 되며 적절한 시기에는 결정을 내려야 한다. 우리가 노트북 컴퓨터를 사기 위해 전 세계의 노트북 컴퓨터를 다 탐색할 필요는 없는 것과 마찬가지다. 나 자신을 알기 위해 평생 탐색만 하면서 살 수는 없다. 적절한 시기에는 의사결정을 해야 한다. 이를 위해 확률적 탐색이라는 방법이 개발되었다.

소모적 탐색을 제한하는 확률적 탐색

확률적 탐색은 확률이 높은 쪽이 그 확률만큼 더 자주 선택되게 하는 방법이다. 이 방법은 아무런 사전 지식이 없는 초기에 무작위로 탐색을 시작하지만, 점차 좋은 결과를 보이는 선택지에 더 큰 확률을 주어 다시 탐색될 가능성을 높이고, 나쁜 결과를 보이는 선택지에는 낮은 확률을 주어 탐색될 가능성을 제한한다. 탐색 방향을 선택할 때는 확률적인 뽑기를 하는 것이므로, 확률값이 낮다고 전혀 탐색이 안 되는 것은 아니다. 그럼에도 불구하고 이 방법은 초기에 탐색 방향이 일방적으로 결정되어 국소적 탐색에 빠질 위험성이 있다고 알려졌다. 즉 이 프로그램을 계속 수행하면 점점 더 선택한 곳만 선택하는, 다시 말해 먹어본 것만 먹고, 자신이 해본 것을 최고로 여기는 '꼰대'가 되어간다.

인공지능이나 게임에서 사용하는 가장 단순한 방법인 몬테카를로 트리 탐색Monte Carlo tree search을 살펴보자. 이 방법은 확률적 탐색의 가장 흔한 예로서 여러 단계의 의사결정을 수직적으로 탐색할 때 활용된다. 이 방법은 바둑 게임을 하는 '알파고'와 같은 인공지능에서도 활용된다.[7]

이를 게임에 적용하면 다음과 같은 방식으로 진행된다. 이 방법은 의사결정을 하는 '노드'와 그 경로를 나타내는 '가지'로 구성되어 있다. 첫 번째 단계의 노드에서 여러 가지 중 하나를 선택한다. 이 가지는 다음 단계의 노드로 연결되며 그다음에 연결된 하위 가지를 선택해야 한다. 이때 하위 가지의 선택 여부는 확률적으로 결정된다. 게임이 끝난 후 점수 또는 승률을 지나온 모든 노드에 업데이트해 선택될 확률에 반영한다. 이 과정을 반복하면 각 노드에서 승률이 높은 쪽의 가지를 선택할 확률이 올라가고, 결국 승률이 높은 연속된 의사결정을 수행할 수 있게 된다. 한편 적은 확률이지만 여전히 다른 가지도 선택될 수 있으므로 반복된 시뮬레이션에서 탐색될 가능성이 남아 있다.

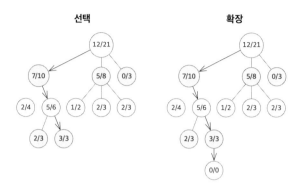

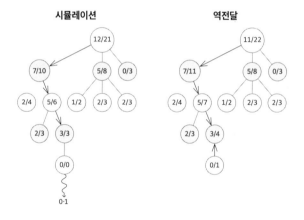

〔그림 5〕 몬테카를로 트리 탐색

위의 방법에서 탐색의 방향성은 확률적으로 결정된다. 여기서는 시간이 지날수록 처음에 결과가 좋았던 가지를 자주 탐색하고, 탐색 횟수가 적었던 가지는 탐색될 가능성이 점차 떨어진다. 그러면 탐색의 옵션은 제한되며 최선의 선택을 찾기란 어려워진다. 즉 국소적인 탐색에 빠질 위험성이 있다.

결국 이 알고리즘은 자신이 경험한 것 중에서 최선의 선택을 하게 되며, 가보지 않은 길은 최선이 아니라고 여기게 된다. 인간도 마찬가지다. 경험이 쌓일수록 자신이 가보지 않은 길은 최선이 아닐 거라고 간주하게 된다. 그렇다고 현재 잘 알고 있는 길을 두고 전혀 모르는 길을 선택하는 것 역시 큰 모험이 아닐 수 없다.

탐색과 활용의 딜레마: 하던 일을 더 열심히 할 것인가, 다른 길을 찾을 것인가

이 문제를 해결하기 위해 무작위 탐색과 활용exploit(활용은 현재 상태에서 최선의 선택을 말한다)을 번갈아 수행하면서 무작위 탐색의 횟수를 점차 줄여가는 방식을 사용하기도 한다. 이를 입실론 정책 또는 ε-greedy 정책이라고 한다. 여기서 입실론ε은 무작위 탐색을 시행할 가능성이다. 예를 들면 처음에는 일대일 비율로 무작위 탐색과 활용을 시행하고, 그다음에는 0.9대 1의 비율로 무작위 탐색과 활용을 번갈아 시행하는 방식에 이어 n회 탐색에서는 $(0.9)^n$대 1의 비율로 무작위 탐색과 활용을 하게 된다. 다시 말해 초기에는 수평적인 무작위 탐색을 많이 해 옵션을 다양하게 살펴보고, 탐색 횟수가 늘어날수록 즉 경험이 쌓일수록 불필요한 수평적 탐색을 줄이며, 좀더 결과가 좋은 가지로 집중하게 됨으로써 더 효율적인 탐색이 가능해진다.

일상의 문제에도 이를 적용할 수 있다. 나 자신이 경험이 많고 전문 지식을 가지고 있는 한가지 일에만 몰두한다면 최고의 효율을 볼 수 있을 것이다. 하지만 그 길이 최선인지는 확신할 수 없다. 경쟁이 치열한 현대사회에서 우리는 최고의 결과를 얻는 방법은 지금 하는 일을 더 열심히 하는 것이라고 착각하고 있다. 올해 나의 모든 것을 하던 일에 쏟아부어서 110퍼센트의 성과를 이루어냈다면, 내년에는 120퍼센트의 노력을 해야 더 나은 성과를 올릴 수 있다. 우리는 하던 일의 경로를 바꿀 생각을 하기보다는 그 경로를 개선해 효율을 극대화하는 데 집중한다. 그러나 이는 지속 가능하지 않기 때문에 한계에 부딪힐 수밖에 없다. 만약 하던 일에 대한 기대치를 80퍼센트로 낮추고 나머지 시간과 에너지를 다른 경로를 탐색하는 데 사용한다면, 우리는 국소적 탐색에 빠지지 않고, 더 좋은 길을 발견하고 더 풍성한 경험을 갖게 될 것이다. 이 방법이 지속 가능한 성장을 보장한다는 점은 많은 시뮬레이션 결과가 증명하고 있다. 우리가 휴식 시간을 새로운 공부나 경험을 위한 탐색 시간으로 사용한다면 반드시 지금보다 더 나은 경로를 발견하게 될 것이며, 이는 더 좋은 결과를 만들어낼 것이다.

더 이상의 감쇠 효과는 없다, 불확실한 것을 먼저 선택하라

탐색의 목표는 최선의 결과를 찾는 것이라기보다는 데이터를 수집해 최적의 결정을 위한 환경을 조성하는 것이다. 앞서 살펴본 효용성 문제에서는 불확실한 것에 대한 감쇄 효과를 주어 기댓값을 낮췄다. 그러나 반복 가능하고 탐색이 허용되는 문제에서 감쇄 효과를 적용한다면 최적의 결정에 도달할 수 없었다. 반복 가능한 문제에서는 오히려 불확실한 옵션에 가산점을 주는 알고리즘이 있다. 이 알고리즘은 매우 역설적으로 들릴 수 있지만, 실제로 많은 문제의 해결에서 우수한 결과를 보이고 있다. 그중 가장 많이 쓰이는 것이 바로 UCBUpper confidence bound 알고리즘이다.

UCB 알고리즘은 각 옵션의 기댓값에 불확실성의 크기만큼 가산점을 주어 그 합이 큰 옵션을 선택한다.

$$\text{UCB 값=기댓값+불확실성}$$

예를 들어 어느 옵션의 평균 기댓값과 불확실성을 나타내는 표준편차가 있다면, 예상 평균에 표준편차를 더한 구간이 상위의 경계upper bound라고 할 수 있다. 평균이 같아도 데이터의 편차가 크거나 데이터의 수가 적으면 상위 경계는 크게 나온다(우리는 이를 더 불확실하다고 말하거나 신뢰구간이 넓다고 한다).

UCB 알고리즘은 UCB 값이 큰 것을 선택한다. 반복된 탐색에서 UCB 값이 크다면 자주 선택되고, 자주 선택된 옵션은 불확실성이 감소해 UCB 값이 줄어든다. 한 옵션의 UCB 값이 줄면 다시 UCB 값이 큰 옵션을 선택하게 되는데, 결국에는 참값이 큰 옵션이 더 자주 선택된다.

이 알고리즘은 두 가지 장점을 가지고 있다. 하나는 불확실한 값에 대한 탐색을 충실히 수행한다는 점으로 국소적 탐색에 빠질 위험이 적다. 다른 하나는 탐색 중에도 결국 기댓값이 큰 옵션이 자주 선택되기에 탐색으로 인한 비용과 시간을 절약할 수 있으며 탐색 과정을 중지하지 않아도 자연스레 활용 단계로 넘어간다. 즉 탐색과 활용의 비율을 인위적으로 조작할 필요가 없다.

〔그림 6〕은 UCB의 예시로, 더 자세한 내용은 '다중암 밴딧'에서 집중적으로 다룰 것이다.

그렇다면 우리는 이 알고리즘들을 통해 무엇을 배울 수 있으며, 실생활에서 이를 어떻게 활용할 수 있을까? UCB 알고리즘은 일반 상식과 다른 면이 있다. 앞서 우리는 효용성과 감쇠 효과를 살펴봤는데 이는 우리의 상식에 부합하는 논리였다.

반면 불확실성에 오히려 가산점을 주는 UCB의 논리를 우리 판단에 적용하라고 하면 용기가 나지 않을 수도 있다. 물론 중요한 기로에서 한 번의 기회밖에 없다면 최선은 확률이 크고 불확실성이 적은 선택을 하는 것이다. 그러나 여러 번의 기회가 주어진다면 '탐색'을 통해 불확실성을 줄이고 현명한 선택을 위한 조건을 확보하는 것이 낫다. 직업을 예로 들어보자. 우리는 직업을 바꿀 수 없는 중세시대에 살고 있지도 않고 노예 신분도 아니기 때문에 사는 동안 직업을 여러 번 바꿀 수 있다. 직업 중에는 전통적으로 수입이 좋은 것이 있다. 의사와 변호사 등 전문직이 이에 해당된다. 한편 전망 좋은 새로운 직업도 많이 나오고 있다. 모든 사람이 이미 유명한 직업을 선

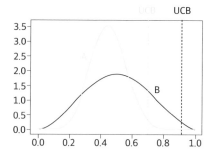

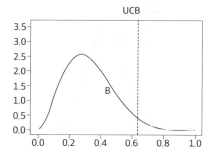

[그림 6] A와 B 중 하나를 선택해야 하는 문제에서 A의 결과값과 B의 결과값의 예상되는 불확실성 그래프. 맨 위의 그래프는 초기 결과값의 가능한 분포다. 여기서 B 결과의 불확실성이 큰 상태이므로 B의 UCB 값이 A의 UCB 값보다 크다. 따라서 우선 B를 선택하고 그 결과값을 이 사전 확률에 업데이트한다. B는 관찰된 데이터가 늘어남으로써 그 값의 불확실성이 줄어들며, 가운데 그래프처럼 변형되었다. 가운데 그래프에서 B의 UCB 값은 줄어들어 A의 UCB보다 작아진다. 그러므로 여기서는 A가 선택된다. A의 관찰된 결과값은 매우 높아서 A의 사전 확률을 업데이트했을 때, 전체적인 사전 확률 그래프가 하단의 그림처럼 불확실성이 줄었을 뿐만 아니라, 중심도 우측으로 이동했다. 이렇듯 계속 UCB가 높은 옵션을 선택하다보면, 결국 실제로 높은 값을 갖는 옵션을 선택하게 된다.

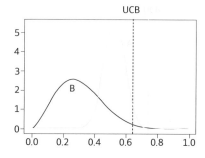

호하기 때문에 국소적 탐색에 빠져 있고, 이를 둘러싼 경쟁은 점점 더 치열해진다. 그러므로 이러한 직업은 예전보다 더 큰 노력이 들어가도 만족도는 예전과 같지 않다. UCB 알고리즘에 의하면, 조금 불확실하더라도 전망 좋은 새로운 직업들을 탐색해보는 것이 최종적인 만족도를 높이는 데 크게 도움이 될 것이다.

탐색이 주는 교훈 1:
성공한 사람에게 배우지 말고 시행착오를 통해 배워라

탐색을 위해 불확실한 옵션을 선택하는 경우 그 결과가 나쁠 수도 있다. 그러나 그 자체가 실패는 아니다. 우리는 탐색을 통해 다양한 옵션의 불확실성을 줄일 수 있고, 중요한 순간이 올 때 더 좋은 선택을 할 수 있기 때문이다. 우리가 인생의 선배로부터 조언을 얻을 때도 실패한 선배의 조언은 큰 도움이 된다. 오히려 모든 선택에서 항상 성공한 선배는 우리에게 큰 교훈을 주지 못한다. 그 선배는 늘 한 번에 성공적인 선택을 해 다른 옵션에 대한 정보를 제공해주지 못하기 때문이다. 우리가 처한 상황이 그들과 다를 수 있고, 사실 더 좋은 옵션이 있을 가능성도 있다.

인공지능의 강화학습으로 재미있는 실험을 해보자. 인공지능에게 스스로 시행착오를 하지 못하도록 제한하고, 다른 선배 인공지능 모델의 경험만 학습하게 해보자(이를 오프라인 강화학습offline reinforcement learning이라고 한다. 이 방법은 경험할 양이 너무 많거나, 시행착오를 할 경우 위험이 큰 문제를 다루기 위해서 미리 시행된 데이터를 인공지능에

학습시키는 방법이다. 일종의 '주입식 교육'이라고도 할 수 있다). 이때 흥미로운 사실은 성공을 많이 한 선배 인공지능(B 모델)의 결과를 학습할 때보다, 실패를 많이 한 선배 인공지능(A 모델)의 결과를 학습할 때 더 빨리 최고의 결과에 도달한다는 것이다(그림7).

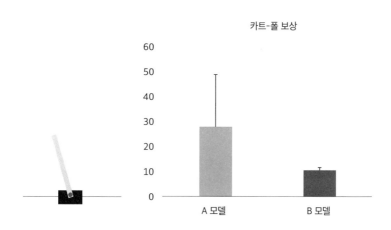

[그림 7] 카트-폴Cart Pole 균형 예제. 왼쪽 그림은 강화학습 인공지능을 테스트하기 위한 가장 단순한 시뮬레이션 모델 중 하나다. 이 막대기는 가만있으면 쓰러지게 돼 있어, 아래 검정 상자를 좌우로 움직이면서 쓰러지지 않게 해야 한다. 인공지능 모델은 시행착오를 하면서 이 막대기가 쓰러지지 않고 오래 버티게 해야 한다. 우리는 두 개의 똑같은 구조의 강화학습 모델DQN model, 즉 A 모델과 B 모델을 준비했다. 이 두 모델은 직접 시행착오를 경험하게 하지 않았고, 다른 모델로 이미 400회 시뮬레이션을 시행한 데이터를 학습시켰다. A 모델은 아직 미숙한, 즉 학습이 안 되어 자주 쓰러지는 경험을 한 선배 모델의 데이터를 학습시켰고, B 모델은 이미 학습되어 잘 쓰러지지 않는 선배 모델의 데이터를 학습시켰다. 이 실험은 100회 반복해 오른쪽 그래프와 같은 결과를 얻었다. 오른쪽 그래프의 Y축은 넘어지지 않고 버틴 시간(보상)을 의미한다. 미숙한 선배 모델에서 배운 A 모델은 놀랍게도 유의하게 더 좋은 결과를 보였다($p\text{-value} < 0.001$).

탐색 과정이 꼭 자신이 직접 경험한 시행착오일 필요는 없다. 탐색은 과거의 데이터들, 즉 타인의 경험에 대한 정보, 문헌 조사로도 가능하며 손실을 최소화하는 범위에서의 실험으로도 이뤄질 수 있다. 중요한 교훈은 한 번의 선택으로 문제를 해결한 성공담은 학습할 필요가 없다는 것이다.

탐색의 지혜 2:
현명한 선택은 타고나는 것이 아니며, 준비된 자만이 할 수 있다

해외여행을 간다고 가정해보자. 해외여행이 즐거운 것은 경험해보지 못한 다양한 옵션이 있고 그 위중도가 낮기 때문이다. 여행은 일상의 의무감에 치여서 선택의 자유에 목말라 있던 우리에게 탐색 욕구를 자극한다. 다양한 볼거리, 음식 등 상상만 해도 자유롭다. 그렇지만 이 모든 것의 기댓값은 불확실성이 크다.

해외여행 계획을 세울 때 재미있는 점은 사람에 따라 다양한 관점의 판단이 이루어진다는 것이다. 어떤 사람은 이미 잘 알려진 명소나 블로그에서 유행하는 곳을 중심으로 계획을 세운다. 이는 효용성을 강조한 사고방식이다. 해외여행은 자주 오기 힘드니 한 번에 가장 만족스러운 결정을 해야 한다고 여기는 것이다. 반면 어떤 사람은 유명하지 않고, 남들에게 아직 알려지지 않은 장소에 가보는 것을 추구한다. 이들은 불확실성에 대한 탐색 자체에서 희열을 느끼는 부류로, 이들의 판단은 불확실성에 가산점을 주는 UCB 알고리즘의 판단과 유사하다. 또 어떤 사람은 중요한 계획만 세우고 나머지는 상황의 의외성을 따라가보려 한다. 이들의 탐색 방식은 무작위 기법인 몬테카를로 알고리즘을 닮았다. 과연 세 부류의 사람들 가운데 누가 가장 만족스러운 여행을 할 수 있을까?

여행이 끝난 후 각 부류의 답변을 예상해보자. 운이 좋으면 세 부류 모두 아주 만족스러운 여행이었으며, 자신의 판단이 옳았다고 말할 것이다. 반대로 최악의 경우는 어떤 답변을 내놓을까? 내가 개인적으로 주변 사람들에게 들은 답변은 대략 아래와 같다(이는 내 짧은 경험에 의한 것이니 편견이 있을 수 있다). 우선 효용성을 강조하는 부류의 부정적 답변은 "가봤더니 별거 없더라"였다. 이들의 답변을 보면 유명한 장소를 본인 눈으로 확인하고 온 데서 그친 듯하고 기대한 만큼의 효용성은 없었다고 생각하는 듯하다. 불확실한 장소를 찾아다녔던 탐험가 유형인 두 번째 부류의 부정적 답변은 이렇다. "거기는 절대 가지 마라. 하마터면 큰일 날 뻔했다." 다만 자신의 무용담을 들려주는 표정이 그리 나쁘지는 않다. 세 번째 무작위 여행을 생각한 부류의 부정적인 답변은 이랬다. "정말 재미없었다."

부정적인 상황을 고려할 때 효용성을 강조한 부류가 그래도 큰 손해는 보지 않는 것 같다. 우리가 '선택의 가치' 단원에서 살펴본 것처럼 한 번에 결정해야 하는 문제에서 역시 효용성에 의한 결정은 적어도 최악의 상황은 면하게 하는 것 같다. 효용성을 극대화하는 방법은 아마도 여행사의 투어 프로그램을 따르는 것일 수 있다. 이는 고민과 사전 조사, 즉 탐색의 에너지를 줄여줄 수 있고 심지어 여행 경비까지 아껴줄 수 있다.

사실 여행을 계획할 때 즐거움의 가장 큰 부분은 선택의 자유를 즐기는 것이었다. 그러나 시간과 비용에 쫓겨 효용성만 추구한다면, 남들이 지나간 족적을 답습하면서 우리는 여행에서 아무런 자유로움도 느끼지 못할 것이다. 여행이 완수해야만 하는 또 다른 숙제가 되는 것이다.

나는 여행을 통해서 탐색 욕구를 채우고 싶고, 의외의 즐거운 경험도 하고 싶다. 그러면서도 운 나쁜 상황과 부정적인 경험은 맞닥뜨리고 싶지 않다. 어떻게 하면 여행지에서 이처럼 더 현명한 선택을 할 수 있을까?

앞서 설명했듯이 현명한 선택은 선택의 조건이 갖춰져야 가능하다. 이를 위해서는 무작정 여행을 떠나기보다 정보를 수집하는 탐색 과정이 필요하다. 여행지에서의 직접적인 탐색만이 우리의 탐색 욕구를 채워주는 것은 아니다. 정보를 수집하며 상상하는 과정도 우리의 자유를 증가시켜준다. 제한된 시간과 재화를 활용해서 최대한의 만족도를 올리고자 여행 관련 블로그를 보거나 여행 책자에서 몇 가지 옵션을 공부해본다. 이러한 탐색 과정은 불확실성을 줄여 실제 여행지에서 더 현명한 선택을 할 조건을 만들어준다.

그렇다면 여행을 떠나기 전에 무엇부터 찾아봐야 할까? 좀더 현명한 여행자가 되기 위해서는 선택의 자유도를 점검해봐야 한다. 선택의 자유도는 최선의 선택을 위한 기본 전제다. 우선 선택의 옵션이 많아야 하고, 불확실성이 적어야 하며, 특히 위중도가 큰 문제의 불확실성을 줄여야 한다. 남들이 가보지 못한 곳을 탐험하더라도 불확실성이 적다면, 위험성은 줄고 만족도는 올라갈 것이다.

여행의 사전 조사를 위해서 첫 번째로 해야 할 일은 가능한 한 많은 선택의 옵션을 나열해보는 것이다. 여행에 꼭 필요한 일의 순서, 하고 싶은 일뿐만 아니라 발생할 수 있는 문제들까지 가능한 모든 것을 나열해본다.

두 번째로는 탐색의 우선순위를 정하는 것이다. 먼저 위중도가 큰 문제를 선택한다. 즉 내 여행의 만족도의 총합에 가장 큰 영향을 끼치는 것을 선택한다. 해외여행이라면 아마도 영향력이 가장 큰 것은 이동 수단일 것이다. 하고 싶은 일을 계획하는 데만 몰두하느라 이동 수단을 불확실하게 남겨둔다면 여행을 성공적으로 수행하기 힘들 수 있다. 제아무리 탐험가 유형이거나 무작위 여행가 유형이더라도 이동 경로와 교통수단은 확실성이 보장되어야 한다. 여행지에 가기 위한 교통수단의 신뢰성은 매우 중요하다. 그 교통수단이 안전한지, 날씨의 영향을 많이 받는지, 언제나 정확한 시간에 이동 가능한 것인지 등 사전 조사가 필요하다.

세 번째, 불확실성이 큰 문제에 대해 사전 조사를 한다. UCB 알고리즘의 방법을 따라 만족도가 클 것 같으면서도 불확실성이 큰 문제를 찾아낸다. 즉 잘 알려지지 않았지만, 만족도가 높을 것 같은 장소나 음식 등이 될 수 있다. 여행에서 현지 음식을 경험하는 것은 큰 즐거움 중 하나다. 여행 동선에 맞춰서 방문 가능한 식당들의 옵션을 가능한 한 많이 알고 간다면, 현장에서 더 만족스러운 선택을 할 수 있을 것이다.

사전 조사의 힘은 여행뿐만 아니라 다른 모든 일상의 현장에서 현명한 판단을 돕는다. 이는 우리가 직접 경험하지 않고 최소한의 비용과 시간을 들이는 탐색 방법 중 하나다. 사전 조사는 옵션의 다양성을 확보하고 각 옵션의 불확실성을 줄여주므로 결정의 자유도를 증가시켜준다. 또한 한정된 조건에서 조급하게 선택하는 것을 막아주는 까닭에 심리적 감쇠 효과 없이 더 확신에 찬 선택을 할 수 있게 해주며 결과의 만족도는 올라간다.

현명한 사람이란 많은 선택의 옵션을 이미 생각해봤고, 위중도의 우선순위가 있으며, 불확실한 일에 대해 사전 조사를 시행한 사람이며, 이들은 선택의 자유도를 크게 확보하고 있다. 이들은 위중한 문제에서도 더 확신 있게 행동할 수 있고, 의외의 상황에 더 유연하게 대처할 수 있다. 선택의 문제에 있어서 현명함을 타고난 사람은 없다. 현명한 선택의 준비가 되어 있는 사람이 있을 뿐이다.

인과관계에 대하여

∴

현실적인 타협: 최선보다는 최적의 선택을 하라

의사결정의 조건이 어느 정도 갖춰졌다면, 이제 여러 옵션 중에서 최상의 결과가 예상되는 선택을 할 차례다. 이를 위해서 우리는 각 옵션의 결과를 평가하고 서로 비교해야 한다.

초기에 각 옵션에 대한 정보가 전혀 없다면 무작위 선택 외에 방법이 없을 것이다. 무작위 선택을 통해서 결과를 확인하는 것을 시행착오 과정 또는 탐색 과정이라 할 수 있다. 인공지능도 정보가 전혀 없을 때는 일정 기간 선호도를 고려하지 않는 무작위 탐색을 수행한다.

각 옵션의 가치를 추정하는 방법이 반드시 무작위 탐색을 활용한 실험적 방법일 필요는 없다. 우리는 과거의 경험, 문헌 등을 통해서 간접적으로 각 옵션의 가치를 평가할 수 있으며 이 과정도 탐색에 해당된다.

탐색 과정을 통해 데이터가 쌓이면 최선의 선택을 할 수 있을 것이다. 다만 우리는 최소한의 탐색 과정을 거치길 원한다. 앞서 우리는 탐색의 중지 신호에 대해서도 살펴봤는데, 정보가 적은 상태에서는 이것이 최선의 옵션을 찾는 데 방해가 될 수도 있다. 사실 어떤 문제들은 최선의 선택지를 찾는 데 무한한 데이터를 요구하기도 한다.

현실적으로 우리는 주어진 정보의 한계 안에서 가장 좋을 것으로 예상되는 옵션을 찾을 수밖에 없다. 따라서 현실의 한계를 인정하고 최선의 선택보다는 '최적의 선택'을 찾아야 한다.

과거 데이터에 근거한 귀납적 추론의 오류:
고정된 결과값 vs 변동하는 결과값

선택 옵션들의 결과가 단순하고 고정된 값일 때 우리는 그 결과를 귀납적 방식을 이용해서 추론할 수 있다. 지금까지 살펴본 문제들은 각 옵션의 가치가 고정된 경우였다. 동전 던지기에서 동전이 변하지 않는 한 그 동전의 앞면과 뒷면이 나올 가능성은 고정되어 있다고 본다. 복권의 가치를 추정하는 방식에서도 기대 효율, 즉 그 복권의 당첨금과 당첨률, 효용성에 근거해서 하나의 고정된 가치를 추정했다. 복권의 당첨률은 발행 당시 이미 고정된 비율이 있기 때문이다. 고정된 가치는 '결정적 가치'라고도 하며 결과값이 하나이기에 상황에 따라 변하지 않는 경우를 말한다. 여기서 '고정된 값'이라는 의미를 확실히 하기 위해 고정되지 않은 경우와 비교해보자.

이를테면 내비게이션에서 최단 거리 옵션을 찾아주는 문제를 생각해보자. 우리는 출발지에서 도착지를 연결하는 모든 도로의 조합 가운데 가장 거리가 짧은 것을 선택하면 된다. 이때 도로의 개수나 연결망은 하루아침에 변하지 않기 때문에 '최단 거리'는 고정된 값이라고 할 수 있다. 한편 최소 시간 옵션을 찾아주는 내비게이션을 생각해보자. 이 문제는 현재의 교통 상황뿐만 아니라 미래의 교통 상황을 예측해야 하므로 시간, 장소, 그날의 특수한 여건 등 갖은 변수의 영향을 받는다. 물론 모든 가능성을 합해 하나의 고정된 평균 시간을 구할 수는 있다. A 도로를 지날 때 지난 5년간 평균 2시간이 걸렸다고 해보자. 그러나 그 평균은 매우 큰 분산을 가지고 있을 것이다. 이를테면 A 도로를 지날 때 소요 시간이 최소 30분에서 최대 5시간이라고 해보자. 그렇다면 평균 2시간이라는 결과는 지금 상황에서 우리가 원하는 의사결정에 아무 도움이 되지 않을 것이다.

주식의 매수 여부를 결정하는 문제를 생각해보자. A 주식의 지난 1년간 평균 주가 상승률이 10퍼센트이고, B 주식은 2퍼센트라면 어떤 주식을 사는 게 합리적인가? 주식 상승률은 앞서 살펴본 '최단 거리'와는 달리 고정된 참값이 존재하지 않는다. 지난해 A 주식이 10퍼센트 상승했다고 해서 A 주식은 10퍼센트 상승하는 주식이라고 단정지어 말할 수 있을까? 주가 상승은 수많은 변수로부터 직접적인 영향을 받기 때문에 지난 1년간의 평균값이라는 정보는 의사결정에 아무 도움이 되지 못한다. 이처럼 상황에 따라 변동하는 결과값을 '결정적 가치'와 구분해 '비결정적 가치'라고 부르기로 하자. 여러 변수에 영향을 받아 변동하는 결과값은 과거 데이터에 근거한 귀납적 추론으로 무리한 결정을 하는 것이 현명하지 못하다. 이는 성급한 일반화의 문제와는 다른 경우다. 다시 말해 데이터가 아무리 많이 쌓여도 해결되지 못한다. 데이터가 많으면 오히려 비결정적인 가치가 결정적인 가치인 것처럼 오인되기 쉬워질 뿐이다. 따라서 데이터에 근거한 귀납적 추론을 적용하기 전에 결과값이 고정된 값인지 변동 가능한 값인지 구분하는 것이 중요하다.

하나의 결과값인가, 다양한 결과값의 합인가

고정된 결과값이라도 이것이 단순히 하나의 결과값이 아닐 때도 있다. 즉 집단 내에 다양한 부류가 존재해 이들의 결과값이 각기 다름에도 불구하고 그것을 무시하거나 인지하지 못한 채 그저 한 집단으로 통틀어 결과값을 계산할 수도 있다.

환자에게 T라는 새로운 약물 치료를 시행한다고 가정해보자. 이 약물의 치료 효과는 점수가 높을수록 좋고, 낮을수록 좋지 않다고 하자. 이 약물에 대한 효과는 무작위 임상시험 결과 위약(가짜 약)을 사용한 대조군에 비해서 평균 15점 높은 것으로 나왔고 이 결과는 통계적으로도 유의했다. 이는 현재 우리가 사용하는 가장 과학적 통계 방법인 무작위 전향적 임상시험 방법randomized clinical trial이다. 이를 통해 T 약물의 평균 치료 효과average treatment effect를 구할 수 있다. 우리가 사용하는 약물은 대부분 이와 같은 방법으로 임상적 효과를 검증한다. 그렇다면 평균 치료 효과를 근거로 모든 개별 환자에게 이 약물을 쓰는 것이 올바른 결정일까?

이 문제에서 또 다른 가정을 해보자. T 약물은 사람의 유전적 특성에 따라 효과가 다르다고 하고, 사람들을 유전적 특성에 따라 네 그룹(A, B, C, D)으로 나눌 수 있다고 해보자. 각 그룹에서 T 약물에 대한 평균 효과를 보면 A 그룹은 +20점, B 그룹은 +10점, C 그룹은 0점, D 그룹은 -10점이다. 그러나 우리는 이 유전적 특성을 전혀 모르기 때문에 그룹을 나눌 수 없고, 임상시험의 결과는 전체 실험군의 통계밖에는 알 수 없다. (그림 8)에서 전체 그룹의 평균 약물 치료 효과의 분포total_test_group(점선)는 무작위 임상시험으로 알 수 있었던 평균 치료 효과의 분포도다.

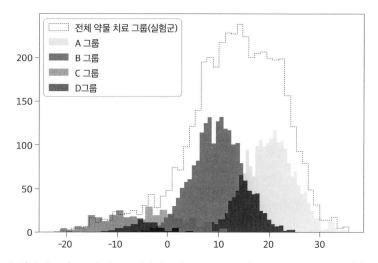

〔그림 8〕약물 치료 효과 분포도. 전체 약물 치료 그룹(실험군)과 A, B, C, D 소그룹으로 나타나 있다. 효과가 적은 C, D 그룹은 전체에서 적은 분포를 차지하므로 영향을 적게 주었다. 반면 효과가 좋은 A, B 그룹은 실험군 내에 많이 존재하며 전체적인 평균 효과를 올리는 역할을 하고 있다.

〔그림 8〕에서 우리가 소그룹은 모르고 전체 환자의 평균 치료 효과밖에 알 수 없다고 한다면, 이 임상시험을 통해 T 약물은 효과가 있다고 판정한다. 세부 소그룹은 모른다고 가정했으므로 의사는 효과가 전혀 없는 C, D 그룹에게도 T 약물이 효과가 있으리라 생각하고 그 약을 처방할 것이다. 사실 거시적으로 봤을 때 C, D 그룹은 전체의 5퍼센트도 되지 않아 이 약물은 전체 환자의 95퍼센트에게서 효과를 낸다고 봐도 무방하다. 그렇지만 의사가 모든 환자에게 '이 약은 당신에게 95퍼센트의 확률로 효과가 있을 것이다'라고 말하는

것은 옳은 일일까?

C, D 그룹의 환자들에게 이 통계는 명백한 오류다. 이들 환자에게 이 약이 효과를 낼 가능성은 거의 없기 때문이다. 이 논리의 가장 큰 오류는 집단 내의 모든 환자가 동일하며, 그 결과값도 고정된 하나라고 여기는 무리한 가정에 있다. 이는 변동하는 결과값을 고정된 결과값으로 착각하는 경우와 마찬가지로 '거시적 통계에 대한 우리의 연역적 오류'에서 비롯된 것이다. 즉 전체 집단에서 약물에 효과를 보이니, 그 집단에 속한 C, D 그룹의 환자도 효과를 나타낼 것이라는 논리다.

이 약의 효과가 95퍼센트라는 생각 역시 '거시적 통계의 연역적 오류'에 해당된다. 이는 집단의 비율을 개인의 고정된 참확률로 착각한 것이다. 만약 동전이라면(동전 자체의 특성으로 인해 고정된 참확률이 존재한다) 같은 동전을 다시 던질 때 앞면의 확률을 연역적으로 추론할 수 있다. 반면 임상시험에서는 실험 대상의 환자들이 서로 다르므로 95퍼센트라는 확률은 약물의 고정된 효과를 뜻하는 참확률이기보다는 그저 약물에 효과가 있는 환자들의 비율을 가리키는 수치일 뿐이다. 즉 의사 입장에서 약물에 효과가 있는 사람을 뽑을 확률을 의미한다.

이 사실이 아직 이해되지 않는 독자가 있다면 이렇게 생각해보자. 앞면이 나올 확률이 2분의 1인 동전은 반복해서 던지면 결국 앞면이 전체의 2분의 1로 수렴될 것이다. 그러나 약 효과가 95퍼센트 있는 약을 C, D 그룹의 환자에게 아무리 반복해서 적용한다 하더라도 효과는 결코 95퍼센트로 수렴되지 않을 것이다. 따라서 의사가 모든 환자에게 이 약물의 효과는 95퍼센트라고 말하는 것은 옳지 않다.

이런 문제는 거시적 통계를 무리하게 적용해서 생기는 것이기도 하지만, 사실 여러 변수에 영향을 받아 변동되는 결과값을 고정된 진리값으로 착각하는 데서 비롯되는 오류이기도 하다. 데이터 전문가들도 이런 착각에 빠지기 쉽다. 그러므로 결과값을 추정할 때는 그 결과값의 속성을 반드시 확인해야 한다. 그 결과가 무언가에 영향을 받을 수 있는 변수인지, 아니면 어떤 것에도 영향받지 않는 고정된 값인지에 따라 연역적 추론의 적용 여부를 결정해야 한다.

이처럼 변동하는 결과값을 갖는 경우와 맥락에 따라 다른 결과가 나오는 다양한 소집단이 있다면 과거의 데이터를 수집해서 의사결정을 하기란 쉽지 않다. 결과에 직접적으로 영향을 주는 변수인 상황이나 맥락에 따라야 하기 때문이다. 우리는 일상생활에서 상황이나 맥락에 맞게 결정하거나 행동하는 것에 익숙하다. 경직된 원칙주의자라 하더라도 모든 일을 일관되게 결정하지는 않는다. 평소 웃지 않는 사람이라도 결혼식장에서는 크게 웃고, 평소 감정에 휘둘리지 않는 사람이라도 장례식장에서는 침통함을 금치 못할 것이다. 이러한 상황과 맥락의 변수들은 같은 행동이라도 다른 결과를 줄 수 있다. 그중 결과의 변동에 영향을 주는 핵심 요소를 안다면 그 변동하는 결과값을 예측할 수 있을 것이다.

정확한 예측을 원한다면 거짓 연관성에 속지 마라

인간의 학습 과정은 대부분 연관성에 의존한다. 그 유명한 '파블로프의 개' 실험이 증명했듯이 신경계의 조건반사가 가장 단순한 연관성 학습의 예일 것이다. 러시아의 심리학자 이반 파블로프는 종을 울린 뒤 개에게 먹이를 주는 실험을 반복하면서, 그 개가 종소리를 듣고 먹이의 도착을 예측하는 행위를 하는지 알아보고자 했다. 결국 실험 대상 개는 종이 울리면 먹이가 나오지 않아도 침을 흘리는 반응을 보였다. 이로써 파블로프는 직접적인 영향력이 없는 자극도 반복된 연관성 학습을 거치면 행동과 연결된다는 것을 증명했다.[8]

이를 그래프로 설명해보자. 〔그림 9〕에서처럼 침을 흘리게 하는 주된 원인은 사실 종소리가 아닌 먹이일 것이다. 그러나 실험자는 먹이를 줄 때마다 종소리를 미리 들려줌으로써 개에게 종소리와 먹이의 연관관계를 학습하도록 했다. 이러한 연관성 학습은 실제 원인이 아닌 변수를 마치 원인 인자인 것처럼 착각하게 만든다. 이 연구는 조건반사에 대한 실험이지만, 사실 학습이란 무엇인지에 대한 매우 중요한 단서를 제공한다. 학습은 우리에게 연관성을 알려줄 뿐, 우리는 이를 통해 인과관계를 배우지는 못한다.

이러한 생리적 현상은 신경의 최소 단위인 뉴런에서도 발견된다. 도널드 헵은 저서 『행동의 조직The Organization of Behavior』에서 다음과 같은 실험을 언급했다. 그는 두 개의 특정 뉴런을 동시에 반복적으로 자극하는 실험을 수행했고, 이로써 두 뉴런 사이의 시냅스가 강화된다는 사실을 발견했다. 이는 신경계의 연관성 학습이 뉴런의

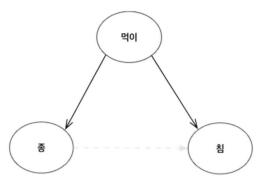

〔그림 9〕먹이, 종소리, 침 흘림의 인과관계 그래프. 검정 실선 화살표는 실질적인 인과관계가 있는 경우다. 즉 먹이는 종을 울리는 원인인 동시에 침을 흘리게 하는 원인이다. 종은 침과는 아무 연관이 없지만, 반복된 연관성 학습을 통해서 개의 뇌는 종과 침 흘림의 연관성을 인지하게 되었다.

최소 단위에서부터 이루어진다는 점을 잘 설명한다.9

인간의 학습 방법과 예측 방식도 이 수준을 벗어날 수 없다. 인간의 뇌 역시 생리학적 구조상 연관관계만을 학습할 뿐이다. 따라서 우리는 어떤 사건과 동시에 나타나거나 먼저 나타난 요소가 있으면 이를 그 사건의 원인이라고 생각하기 쉽다.

매우 예민한 사람들은 주변 환경으로부터 더 많은 정보를 받아들이기 때문에 이들은 그 정보와 특정 사건을 연관지을 수 있다. 이 정보들은 예측에 도움이 될 만한 '징조'가 되기도 하고 자신만의 '징크스'가 될 수도 있다. 예언가들은 이처럼 사소한 정보와 사건의 연관성까지 활용해 예측의 정확도를 높이고자 노력한다. 그러나 이러한 연관성들은 근본 원인과는 다르기 때문에 때로는 어리석은 예측이 돼버리고 만다.

과학자나 의학자도 다르지 않다. 의학자들은 환자의 사소한 일상 정보에서부터 유전자 정보까지 활용해 질병의 원인을 찾거나, 치료 결과를 예측하고자 한다. 예측하려는 결과와 연관성이 큰 인자들은 예측의 정확성을 높이는 데 활용할 수 있다. 이를 수학적으로 표현하는 방법 중에는 다변량 회귀 분석이 있다. 각 예측 인자(x_1, x_2, x_3, x_4……)와 결과값 Y와의 상관관계는 아래와 같이 단순한 수식으로 나타낼 수 있다.

$$Y= a_1 x_1 + a_2 x_2 + a_3 x_3 + a_4 x_4 \cdots\cdots$$

여기서 회귀 계수들(a_1, a_2, a_3, a_4……)은 각 예측 인자와 연관성이 클수록 큰 값을 갖게 된다.

이 논리는 매우 과학적으로 보이지만, 실은 예언가들의 논리와 다를 바 없다. 이 예측 변수들은 파블로프의 개의 예에서 종소리와 같으며, 우연히 나타난 것도 있고, 보이지 않는 실제 원인의 영향을 받아서 사건과 동시에 나타난 것도 있다. 이들은 실제 사건과 연관성이 크게 나타나지만, 사건의 원인은 아니다. 불이 많이 나는 도시에는 소방관이 많기 마련이다. 즉 불과 소방관의 숫자는 연관성이 크다. 그렇다고 해서 소방관이 있으면 불이 잘 나는 것은 아니다. 즉 소방관의 수가 불의 예측 인자인 것은 아니다. 이 사례는 매우 자명하지만 안타깝게도 우리는 많은 문제에서 연관성과 인과성을 잘 구별하지 못한다. 과학적인 방법인 회귀 분석을 이용해도 거짓된 연관성과 진정한 인과관계를 구분하기는 어렵다.

우리 옛 속담에 '까마귀 날자 배 떨어진다'가 있다. 이는 배를 떨어뜨리지 않았음에도 떨어뜨린 범인으로 비난받은 까마귀의 억울함을 설명하는 것일 수 있지만, 거짓된 연관성에 쉽게 속는 우리 모습을 풍자하는 것일 수도 있다. 우리 선조들은 배가 떨어지는 것이 까마귀 때문은 아니며 다른 숨은 원인이 존재함을 인지하고 있었던 듯하다. 그러나 안타깝게도 그들은 그 원인을 찾아내지 못했다. 배가 떨어지는 근본 원인인 중력은 영국의 천재 과학자 뉴턴이 찾아냈다. 이 사실은 인간의 학습 방식, 즉 연관성 학습 방식으로는 결코 찾을 수 없다. 중력은 관찰되지 않는 숨은 인자이며, 동시에 많은 사건을 일으켜 거짓 연관성을 만들어낸다. 중력은 배가 떨어진 원인이기도 하지만, 동시에 까마귀가 (떨어지지 않기 위해) 날아간 원인이기도 하다. 중력은 이 두 행위의 보이지 않는 원인이지만, 두 행위를 동시에 유발함으로써 관찰자에게는 까마귀와 배 사이에 연관성이 있는 것처럼 보이게 만든다.

까마귀가 날아오르는 것과 배가 떨어지는 사건은 동시에 발생할 수 있지만, 그렇다고 해서 까마귀가 날아오르면 항상 배가 떨어진다고 할 순 없다. 연관관계는 주어진 상황에서 관련 사건이 동시에 관찰될 확률을 알려준다. 즉 까마귀가 100번 날아갈 때 배가 70번 떨어진다면 까마귀가 날 때 배가 떨어질 확률은 70퍼센트라고 할 수 있다. 그러나 여기서의 확률은 앞서 살펴본 동전 던지기에서 나오는 확률과는 다르다는 점을 눈치챘을 것이다. 우리는 동전처럼 고유의 참확률이 존재할 때는 여러 번의 반복된 실험에서 얻은 관찰 확률을 통해 참값을 추론할 수 있었다. 그러나 까마귀와 배의 관계에는 고정된 참확률이 존재하지 않는다. 배가 떨어지는 사건은 수많은 변수에 영향을 받을 것이고, 이들의 상태에 따라 확률은 변동될 가능성이 있다. 사실 까마귀와 배에는 실질적인 연관성이 없으므로 둘 사이의 확률은 무의미하다.

정확한 예측을 원한다면 연관관계보다는 인과관계를 찾아라

우리 눈으로 관찰된 연관관계는 실제로 아무 관계가 없는 경우가 있으니 정확한 예측을 위해서는 인과관계를 찾는 것이 중요하다. 이 것은 '이미 일어난 미래'를 아는 것과도 같다. 인간은 중력이라는 낙하의 원인을 찾은 후 그 힘을 이겨내는 추진력을 정확히 계산할 수 있게 되었고, 인공위성의 궤도를 정확히 예측해 쏘아올릴 수 있게 되었다. 이처럼 인과관계를 안다면 결과는 더 이상 '예측'되는 게 아니라 '계산'될 수 있다. 즉 인과관계의 결과값은 계산할 수 있는 고정된 결과값이 된다. 또한 인과관계의 확률은 고정된 참확률이 된다.

뉴턴을 포함한 물리학자들 덕분에 물리적 힘의 작용 방식과 그 인과관계는 확실하게 알려져 있다. 20세기 이후 기계 기술의 비약적인 발전은 이러한 물리적 인과관계의 발견이 없었다면 불가능했을 것이다. 반면 인간의 생물학적 현상과 사회 심리적 현상에서 인과관계를 찾는 문제는 훨씬 더 복잡하다. 이러한 복잡성의 대표적인 예가 아마도 주식시장일 것이다. 주식시장은 인간의 사회 심리적 복잡성과 자연 현상의 복잡성을 모두 함축하고 있다. 물리학의 인과관계를 발견한 위대한 뉴턴도 말년에 주식 투자에서는 큰 손해를 봤다고 한다. 그는 주식 투자에 대한 소회를 이렇게 털어놓았다. "나는 별들의 움직임을 계산할 순 있지만, 인간의 광기는 계산할 수 없었다."

여기서 그가 말한 광기란 주식의 변동성을 뜻하는 것 같다. 주식 변동성이 계산하기 어려운 이유는 주식 등락의 근본 원인이 관찰되지 않을 때가 많기 때문이다. 주가 예측에 사용되는 지표들은 주식의 변동과 연관되어 바뀌는 변수들을 말한다. 진정한 숨은 원인은 주가 변동에도 영향을 주지만 동시에 연관 지표에도 영향을 주어 마치 주가와 연관 지표 사이에 진정한 인과성이 있는 듯 착각하게 만든다. 이처럼 관찰되는 연관 지표 또는 변수는 주식 변동과 관련해서 발생하지만 직접적인 주식 변동의 원인이라고 볼 수는 없다. 즉 연관 지표를 이용한 주식의 정확한 예측은 불가능하다.

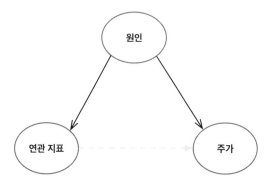

〔그림 10〕 주가, 연관 지표, 원인의 인과관계 그래프. 검은색 화살표는 인과관계를 나타내며, 점선은 동시에 발생한 연관 지표와 주가와의 관찰된 연관성. 둘 사이에 직접적인 인과관계는 없다.

미국 월가의 성공적인 투자 관리 회사 중 하나인 브리지워터 어소 시에이츠를 설립한 레이 달리오는 "주식시장에서 예측은 사실 큰 가 치가 없고, 예측하는 사람의 대부분은 시장에서 돈을 벌지 못한다" 고 언급했다. 그는 저서 『원칙Principles』에서 역설적으로 여러 연관 지 표와 상관관계가 낮은 주식에 투자하는 것이 예측할 수 없는 위험 에 노출되지 않고 수익을 올리는 확실한 방법이라고 말한다.[10] 이러 한 사고방식은 모든 분석가가 주가 변동과의 연관 지표를 찾기 위해 애쓰는 것과는 다른 접근 방법이다. 그는 모든 연관 지표는 인과성이 없는 것으로 교란 변수일 뿐이라 생각한 것이다. 실제로 달리오는 여 러 연관 지표에 영향을 받지 않는 안정적인 주식을 찾아내 성공적인 투자를 할 수 있었다.

데이터 분석가들은 주가를 예측하기 위해 여전히 주가 변동과 상 관관계가 있는 요소를 찾아내려고 노력한다. 하지만 이는 배가 떨어질 때 동시에 또는 조금 먼저 날아간 까마귀에 지나지 않을 수도 있다.

빅데이터와 인공지능의 개입이 불러일으키는 문제

정확한 예측을 위해서는 원인 인자를 찾아야 하지만, 이는 관찰 되지 않을 때가 많다. 데이터 과학자들은 예측을 위해 연관성이 높 은 인자들을 사용하며, 이것만으로도 꽤 정확도 높은 예측이 된다. 연관성 인자들은 결과와 동시에 자주 관찰되므로 이를 잘 활용하면 예측의 정확도가 향상된다. 특히 데이터가 많고, 동시 발생의 확률이 높은 연관 인자들이 있으면 예측의 신뢰도는 높아진다.

많은 양의 데이터는 연관 인자의 신뢰도를 검증하는 데 필수다. 이 조건을 만족시켜야만 우리는 특정 연관 인자들이 어떤 상황에서도 '항상' 나타나는지, 그리고 유의미한 빈도로 연관되어 나타나는지 검증할 수 있다.

빅데이터는 단순히 더 많은 데이터를 의미하는 것이 아니다. 이는 다양한 상황을 포함해야 하며, 다양한 변수를 가지고 있어야 한다. 다양한 관찰 데이터가 있으면 유의미한 변수를 찾아낼 가능성이 높아지며, 동시에 상호 보완적인 연관 인자들을 활용할 수 있어 예측의 정확도가 높아진다.

즉 빅데이터는 예측에 있어서 획기적인 성과를 보여줄 것으로 기대된다. 우리는 빅데이터를 통해 개인의 성향에 따라 맞춤형 상품과 동영상을 추천해주는 세상에 살고 있다. 미래에는 빅데이터가 질병과 범죄를 예측하고 이를 예방하는 데 큰 도움이 되리라 기대되고 있다. 하지만 빅데이터는 과연 우리 미래를 정확히 예측할 수 있을까? 빅데이터의 예측 능력을 말하기 전에 빅데이터가 가져올 수 있는 오류들을 먼저 살펴보자.

미국 로스앤젤레스 경찰국LAPD은 로스앤젤레스 주립대학UCLA과 공동으로 프레드폴PredPol(Predictive Policing)이라는 범죄 예측 프로그램을 개발했다.[11] 이 범죄 예측 알고리즘은 지진 예측 알고리즘에서 아이디어를 얻었다고 한다. 지진 예측 알고리즘이 과거의 지진 기록을 활용해 지진이 발생할 시간과 장소를 내다보는 것에 착안해 과거의 범죄 발생 기록을 활용함으로써 범죄 발생이 예상되는 지역과 시간을 예측하는 알고리즘을 개발한 것이다. 그들은 사건의 종류와 장소, 시간 자료를 범죄 예측의 변수로 사용했다. 이는 한번 범죄가 일어났던 장소나 그 주변에서 범죄가 더 자주 일어난다는 점과, 범죄자는 먼 곳보다는 자기 주변에서 범죄를 더 자주 저지른다는 특성을 반영한 것이다. 경찰은 위 알고리즘이 예측한 시간과 장소에서 순찰을 강화했다. 실제로 이 프로그램이 사용된 지역에서 2011년 11월부터 2012년 5월까지 범죄 발생률은 12퍼센트나 감소했다. 그들은 이 알고리즘의 범죄 예방 효과에 크게 만족했으나, 곧 윤리적인 논란에 봉착했다. 이 알고리즘이 가난한 사람의 주거지나 소수 인종이 모이는 지역을 주된 타깃으로 제시하다보니 인종차별적이라는 논란이 불거진 것이다. 또한 가난한 동네를 적극적으로 순찰하기 시작하면서 그 지역 범죄의 발견율은 더 높아진 반면, 부유한 지역에서는 순찰이 줄어들어 범죄가 덜 발견되었다고 한다. 결국 이들이 수집한 데이터는 점점 더 지역적 편견을 강화시키는 것이 되었다.

2019년 3월 로스앤젤레스 경찰국의 내부 감사 보고서에 의하면 이 알고리즘의 적용 이후로 흑인 운전자의 차량 검문 비율은 급격히 높아진 반면, 백인 운전자의 검문 비율은 지속적으로 감소했다(그림 11). 또한 보고서는 이 알고리즘이 전반적인 범죄율을 감소시켰다는 증거를 찾지 못했다고 결론 내리고 있다. 결국 2020년 샌타크루즈 시 의회는 이 알고리즘의 사용을 금지시켰으며, 같은 해 4월 로스앤젤레스 경찰국도 이 프로그램의 사용을 중지하기에 이른다.

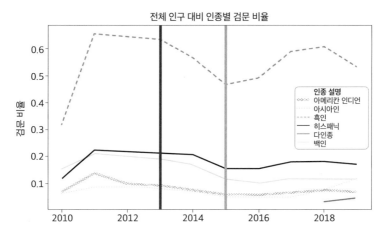

전체 인구 대비 인종별 검문 비율

〔그림 11〕 차량 검문 비율. Y축은 검문 비율, X축은 시간. 프레드폴을 시행한 2011년부터 흑인 검문 비율(점선)이 급격히 증가한 반면, 백인의 검문 비율은 점점 더 감소하는 것을 볼 수 있다.

그렇다면 이 알고리즘은 왜 편견에 빠지게 되었을까? 알고리즘은 범죄 장소를 범죄 발생의 예측 인자로 사용했다. 이를 그래프를 이용해 설명해보자. 모든 범죄의 원인은 범죄자로부터 비롯되며, 특정 지역이 범죄 원인은 아니다. 범죄자가 사건을 일으킬 때, 범죄 발생 지역의 정보가 수집되므로 특정 지역이 범죄 사건과 동시에 관찰될 것이다. 그리고 같은 지역에 사건의 빈도가 올라가면 둘 사이에 연관성이 있는 것처럼 보인다.

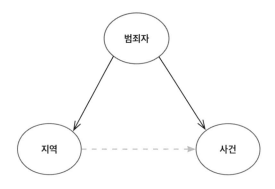

〔그림 12〕 범죄자, 지역, 사건의 인과관계 그래프. 범죄자는 특정 지역에서 자주 관찰되고, 그 지역에서 동시에 사건이 관찰된다. 이 현상이 반복되면 실제 관계없는 지역과 사건 사이에 인과성이 있는 것처럼 보인다.

　범죄 사건의 원인은 누가 봐도 범죄자이지 장소가 아니다. 만약 장소가 원인이라면 그저 평범한 사람도 그 장소에 갔을 때는 범죄자가 되어야 한다. 물론 범죄자가 선호하는 장소가 있을 순 있겠지만, 장소가 범죄를 유발하지는 않는다. 현실적으로 인과관계의 원인이 되는 범죄자를 예측할 수는 없다. 만약 범죄의 원인인 범죄자를 설명하는 여러 변수를 활용한 예측 모델이었다면, 장소에 집중하는 예측 모델에 비해 더 유연하고 정확도가 높았을 것이다. 이 프로그램에서는 장소라는 하나의 변수만을 사용함으로써 범죄자를 설명하는 더 중요한 변수들은 배제되었다. 또한 지역과 사건이 마치 인과관계에 놓인 것처럼 보이게 함으로써 지역이 함축하는 여러 편견적 요소는 더 강조될 수밖에 없었다.

순찰을 돌면 범죄가 증가한다?

이 프로그램의 또 다른 문제는 순찰이라는 행위를 유발하는 다른 변수들을 고려하지 않은 점이다. 무작위 실험이나 인위적인 실험 환경에서는 행위를 한 군과 하지 않은 군이 공평하게 분배되어 있다. 반면 기록된 정보 또는 과거의 정보를 이용할 때는 행위를 한 군과 하지 않은 군이 공평하게 분배되어 있지 않다. 그 이유는 실험적 환경이 아니기 때문에 행위가 필요하다고 생각한 그룹에만 행위가 가해지기 때문이다. 따라서 이 둘은 서로 공평하지 않은 그룹이며, 공평하지 않은 두 군에서 행위 효과를 비교하는 것은 불가능하다.

위 프로그램에서 '순찰'을 행위라고 여겼을 때, 진정한 순찰의 효과를 보려면 실험적으로 무작위 지역을 순찰하는 것이 좋다. 그러나 시간과 비용을 줄이기 위해 과거 기록을 활용한다면, 공정한 결과를 얻기 어렵다. 왜냐하면 현실 세계에서 효율적인 순찰은 무작위가 아니고, 순찰을 유발한 원인이 존재할 것이기 때문이다. 그 순찰의 원인이 무엇이든 순찰을 시행한 군에는 순찰을 유발한 원인이 되는 변수를 가진 데이터가 많이 포함되어 있을 것이며, 순찰을 시행하지 않은 군에는 그 변수를 가진 데이터가 매우 적게 포함되어 있을 것이다. 만약 과거의 범죄 발생 보고율이 순찰을 결정하는 원인 인자라면, 순찰을 많이 돈 지역은 범죄 발생 보고율이 높은 반면 순찰을 돌지 않은 지역은 범죄 발생 보고율이 낮을 것이다. 이 두 그룹에서 순찰 효과를 단순히 비교하면, 순찰은 범죄 발생을 증가시킨다는 역설적인 결론에 도달하게 된다. 따라서 이 프로그램은 데이터의 불균형으로 인해 순찰 효과를 제대로 평가할 수 없다.

내가 본 것이 사실일지라도 전부는 아니다

프레드폴은 직접 생태계에 개입하기 전에는 전지적 관찰자의 입장이었다. 아마도 과거의 데이터를 이용해서 시뮬레이션을 했을 때에는 정확하게 범죄 발생 지역 및 시간을 추론했을 것이다. 그러나 이 프로그램이 스스로 지역사회에 개입하게 되면서 자신의 관찰 시점에 변화가 생긴다. 순수한 관찰자 입장 또는 전지적 시점의 예측 모델이라면 모든 정보를 수집할 수 있으므로(전지적 시점에서는 모든 지역의 순찰 정보를 가지고 있다고 가정한다), 연관관계를 이용해도 비교적 정확한 예측을 할 수 있다. 그러나 자신의 환경에 직접 개입한 프로그램은 더 이상 관찰자 시점이 아닌 일인칭 시점이 된다. 그들은 환경 속에서 자신의 행위가 일어난 장소의 정보만 수집할 수밖에 없는 한계를 지닌다(즉 순찰한 지역의 정보만 갖게 된다).

일인칭 시점에서 프레드폴의 '행위'인 순찰과 검문은 그들이 데이터를 수집하는 유일한 방법이다. 즉 그들이 방문한 장소의 자료가 다른 지역에 비해 더 많이 수집된다. 의심하고 있는 지역의 증거가 더 많이 수집되는 것은 확증 편향과 동일하다. 그리고 학습한 데이터 양이 많아질수록 오히려 지역적 편견이 강화되는 현상을 보인다. 즉 범죄율이 높은 지역은 검문할수록 점점 더 우범 지역이 되어간다.

이러한 문제점은 SNS의 추천 알고리즘이나 동영상 추천 알고리즘에서도 나타난다. 추천 알고리즘들은 사람을 성향에 따라 분류하고 그에 적합한 상품, 뉴스, 사회적 연결망, 동영상 등을 제공한다. 사용자는 알고리즘에 의해 추론된 '본인의 성향'에 맞는 콘텐츠들을 제공받고, 더 많이 소비하게 된다. 알고리즘은 다시 사용자가 소비한 콘텐츠의 정보를 재학습함으로써 더 편향된 정보만을 제공하게 된다. 알고리즘은 재학습을 통해서 사용자를 실제보다 더 극단적인 성향으로 분류하게 되고, 사용자 또한 편향적 정보를 학습함으로써 더 극단적인 성향으로 변해갈 수 있다. 예를 들어 정치적 편향성이 있는 사용자는 유튜브가 추천하는 편향적인 채널과 뉴스만을 접하게 되어 더 극단적인 편향성을 띠게 될 수 있다. 이에 따라 SNS나 유튜브는 자유로운 '탐색' 공간이 아닌 매우 편향적이고 제한적인 공간이 되고 만다. 인터넷이란 '자율적 의지'에 의해 '원하는' 정보를 찾을 수 있는 공간이기도 하지만, 자신의 믿음을 강화시켜줄 증거를 찾는 확증 편향의 공간이라고도 볼 수 있다. 이에 더해 정보 제공자가 사용자의 성향에 최적화된 추천 옵션을 제공한다면 사용자는 자신의 한계를 벗어나기가 쉽지 않다. 내 눈으로 보고 직접 경험하며 탐색하는 것은 매우 중요한 학습 방법이다. 그러나 내가 본 것이 사실일지라도 그게 전부는 아니다. 서로 다른 경험을 가진 사람들 간의 소통만이 우리의 중심을 잡아줄 수 있다.

다시 한번 점검하기:
의사결정의 환경이 공정한가, 알고리즘의 제안은 공정한가?

우리는 의사결정을 수행하기 전에 그 환경을 점검할 필요가 있다.

지금의 환경에서 결정의 자유도를 최대한 가지고 있는지 점검해야 한다. 우리에게 충분히 공정한 선택의 옵션이 주어졌는지, 각 옵션의 데이터 수집은 균형적인지를 검토해야 한다. 물론 추천 알고리즘은 의사결정의 어려움을 덜어주는 편리한 면이 있다. 그러나 그 편리함의 대가로 잃어버리는 결정의 자유도는 너무 크다.

사실 탐색의 관점에서 보면 프레드폴 같은 알고리즘이나 추천 알고리즘들이 최악의 알고리즘임을 이미 눈치챘을 것이다. 앞서 몬테카를로 트리 탐색에서 결과가 좋았던 가지만을 탐색한다면, 한 번도 탐색되지 않은 가지는 탐색될 가능성이 더 떨어진다. 이는 스스로 탐색의 옵션을 제한하고, 결국 최선의 선택을 찾기 어렵게 되는 것을 살펴봤다. 이런 단점을 막기 위해 일정한 비율로 무작위의 넓이 탐색 과정이 필요하다는 것도 배웠다.

이처럼 무작위 탐색을 적절히 활용하면 적어도 데이터 수집 과정에서 발생하는 편향성은 어느 정도 해결될 수 있다. 프레드폴도 일정 비율의 순찰을 무작위로 배정했다면, 특정 변수들에 대한 탐색의 편향성을 배제할 수 있었을지 모른다. 추천 알고리즘도 일정 비율의 무작위 추천을 제공함으로써 사용자의 선택의 자유도를 증가시켜줄 필요가 있다. 무작위 추천이 추가되어 사용자가 국소적 편향에 빠지지 않도록 하고, 최고의 선택을 스스로 찾아갈 수 있게 유도한다면 오히려 사용자의 만족도는 더 높아질 것이다.

5장
베이지안 사고방식

'우연과 확률 그리고 불확실성의 측정' 단원에서 확률의 불확실성을 측정하는 것이 의사결정을 위한 필요조건임을 알 수 있었다. 또한 새로운 데이터나 경험을 통해 그 확률의 불확실성을 줄일 수 있다는 점도 알게 되었다. 여기서는 확률의 불확실성을 측정하는 방식 중 하나인 베이지안 모델을 살펴보려 한다.

베이지안 모델은 데이터를 분석하는 여러 도구 중 하나로, 예측, 분류, 순위 매기기, 추론 등 다양한 분야에서 문제 해결에 사용되고 있다. 이 모델은 불확실성을 측정할 수 있는 확률 기반 모델로서 의사결정에 매우 유용한 방법이기도 하다. 그 활용법을 살펴보기 전에 우선 우리 뇌가 사유하는 방식과 베이지안 방식의 유사성을 주장한 연구들을 검토해보자.

베이지안 모델

∴

베이즈 정리는 영국의 수학자이자 목사인 토머스 베이즈가 정리한 이론으로 1763년 리처드 프라이스의 저서 『확률론의 한 문제에 대한 에세이Essay towards solving a problem in the doctrine of chances』에서 처음 소개되었다.[1] 베이즈 정리는 일종의 역확률inverse probability을 풀어내는 과정이다. 역확률이 무엇인지 알아보기 전에 일반적인 확률, 즉 순확률forward probability부터 살펴보자.

〔그림 1〕의 A와 같이 하나의 주머니에 파란 공과 회색 공이 일정한 수로 들어 있음을 이미 알고 있을 때, 주머니에서 '회색 공을 꺼낼 확률'이 일반적인 순확률이다. 일반 통계에 익숙한 우리에게 '확률'이란 바로 이 순확률이다. 순확률을 알기 위해서는 집단 전체의 비율을 미리 알아야 하므로 전지적인 시점이 요구된다. 이 시점에서 알게 된 순확률은 '참확률' 값이므로 앞 단원에서 설명한 '확률 자체의 불확실성'은 없다고 볼 수 있다.

하지만 현실은 이렇지 않다. 〔그림 1〕의 B처럼 전체 집단을 모른다면 일부 샘플 집단을 통해서 확률을 구할 수밖에 없다. 이럴 때는 우리가 가진 샘플 집단이 전체 집단을 대표한다는 가정이 요구된다. 이 가정하에 '아는 것에 대한 추론', 즉 이미 진리값(전체 집단의 비율)을 안다는 전지적 시점에서 순확률을 구할 수 있다. 그러나 이렇게 구한 것이 '참확률'과 정확히 일치하지는 않을 것이다.

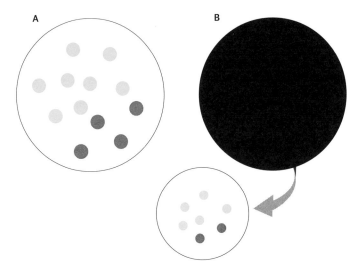

〔그림 1〕 A 주머니의 공을 모두 알기 때문에 정확한 순확률을 계산할 수 있다. 회색 공의 비율은 전체 12개 중 4개이므로 A 주머니에서 회색 공이 나올 순확률은 3분의 1이고, 이 값은 참확률이다. B 주머니의 공은 알 수 없기 때문에 샘플을 뽑아서 관찰된 비율을 구할 수밖에 없다. 샘플 집단에서 관찰된 회색 공의 비율은 전체 공 7개 중 2개다. 따라서 관찰 확률은 7분의 2다. 샘플 집단이 충분하다면 이 관찰 확률은 참확률에 근접하겠지만 그렇지 않다면 7분의 2라는 값은 불확실성이 클 것이다. 베이지안 추론은 샘플을 여러 번 반복해서 뽑고 이 관찰 확률을 업데이트하면서 B 주머니의 참확률을 찾아가는 것이다. 즉 베이지안 추론은 관찰확률에서 역으로 참확률을 추정하는 것이므로 역확률을 구하는 것이다.

　반면 전체 집단의 비율을 모른다는 것을 인정하고, 관찰된 샘플의 확률을 통해 전체 집단의 비율을 추정하는 방식이 있다. 전통적인 확률이 전지적 시점이라면, 이 방식은 관찰자 시점으로 보면 될 것 같다.

　〔그림 1〕 A에서 전지적 시점이 파란 공과 빨간 공의 비율을 미리 알고 있었던 경우라면, 관찰자 시점은 〔그림 1〕 B와 같이 속이 보이지 않는 주머니에서 공을 꺼내 보는 경우라고 보면 된다. 이때 밖에

서 주머니를 관찰하므로 주머니 안의 파란 공과 회색 공의 비율은 모른다. 우리는 공을 몇 개씩 꺼내 보면서 관찰된 공의 비율을 통해 그 주머니 안에 어떤 공이 더 많은지 추론해볼 수 있는데, 이렇게 나온 확률을 역확률이라 부른다.

불확실한 역확률을 가지고 참확률을 추론하려면 '사전 확률prior probability'에 대한 가정이 필요하다. 이를 '기존의 지식' 또는 '기존의 믿음'이라고도 부르며 위의 예시에서 아직 공을 꺼내 보기 전의 가정 (H)으로 보면 된다. 확률적 측면에서는 데이터 관찰을 통해 확률이 수정되기 전 가설의 확률 분포라고 생각하면 될 것 같다. 이 분포를 토대로 공을 꺼내 보면, 관찰된 데이터(D)가 사전의 가설(H)에서부터 나왔을 가능도 P(D|H)를 구할 수 있고, 그 역확률인 P(H|D)를 추론할 수 있다. 이렇게 추론된 확률을 '사후 확률posterior probability'이라 부른다. 이 사후 확률은 참확률에 대한 추정치가 된다.

사후 확률 ∝ 가능도·사전 확률

Posterior probability ∝ Likelihood·Prior probability

이와 같이 우리는 가능도의 역확률에서 참확률을 직접 구할 수는 없지만, 참확률의 확률 분포는 구할 수 있다. 앞서 살펴본 주머니의 공 문제에서 회색 공이 나올 역확률을 구하려면, 회색 공의 사전 확률을 가정하고, 공을 뽑아 보면서 그중 회색 공의 비율을 보고, 사후 확률을 변경하면 된다. 직접 주머니를 열어 보지 않아도 주머니에서 뽑아 보는 공이 많아질수록 업데이트되는 사후 확률은 점점 참확률에 근접하게 된다. 이 과정을 더 자세히 알고 싶다면, '부록 1. 동전 던지기 문제의 베이지안 추론'을 참고하기 바란다.

결정장애의 해결법: 베이지안 추론에 의한 신념과 논리의 융합
∴

최근에는 데이터에 기반한 의사결정 방법이 가장 과학적이라고 인식되고 있다. 이러한 귀납적 의사결정은 진리 집단을 정확히 반영하는 빅데이터가 존재한다면 가장 합리적인 방법임에 틀림없다. 진리 집단은 모든 확률값의 참값을 제공할 것이다. 그러나 아주 많은 데이터가 균등하게 확보되기 전까지는 어떤 의사결정도 불가능하다. 앞서 언급한 것처럼 귀납적 방식을 활용해 판단해야 할 때 확실한 증거가 없다면 우리는 크게 당황한다. 이런 상황에서 특히 논리적인 사람들은 결정장애를 일으킨다. 반면 베이지안 추론 방법은 사전 지식을 이용하기 때문에 현실의 가능한 한 적은 데이터로도 의사결정을 할수 있다.

실제로 우리가 의사결정을 할 때 확실한 증거만 중요한 것은 아니다. 우리에게는 기존 경험과 지식이 있으며, 어느 정도 통계적 추정치도 가지고 있다. 또한 우리는 신념을 포함한 연역적 사고를 통해 아무 증거 없이도 매우 명료한 판단을 할 수 있다. 흔히 일상의 숱한 문제를 각자의 가치관에 근거해 연역적 방식으로 판단한다. 생명의 소중함에 가치를 두는 사람은 다른 일보다 우선 생명을 구하는 일에 나설 것이다. 국가와 민족, 종교에는 각각 고유의 원칙이 존재하며 이에 근거를 둔 연역적 사고는 수많은 상황에 대처하는 세세한 규칙을 만들어낸다. 이러한 의사결정은 매우 신속하다. 그러나 이런 방식의 판단만을 활용한다면, 경험과 시행착오를 통한 새로운 학습이 잘 안 되고, 변화하는 환경에 대처하기 어려워진다. 베이지안 추론은 데이터에 기반한 귀납적 방법이지만, 신념이나 직관, 또는 과거의 경험을 무시하지 않고 사전 지식으로 활용한다. 이 사전 지식은 현실에서 관찰된 결과를 바탕으로 점진적으로 수정되어간다. 이와 같이 베이지안 추론은 신념에 바탕을 두면서도 현실의 결과를 반영해 사후 의사결정을 수행한다. 이를 아래와 같이 표현할 수 있다.

사후 의사결정 ∝ 관찰된 결과 · 사전 지식(신념과 직관)

스티븐 슬로먼은 2005년 저서 『인과 모델: 세상과 세상의 대안에 대해 어떻게 생각하는가?Causal Models: How People Think about the World and Its Alternatives』에서 인간의 베이지안적 사고방식을 수학적 인과 모델에 대칭되는 정신적 인과 모델mental causal model로 설명하기도 한다.[2] 책에서 그는 직관적 사고는 목표를 설정하는 데 유용하고, 논리적 사고는 자신의 의사결정을 다른 사람에게 설명하는 데 유용하다고 했는데, 이를 베이지안적 사고로 설명하면, 직관으로 설정한 목표는 사전 지식이 되고, 객관적·논리적 검증은 직관의 불확실성을 줄여줘 결국 최적화된 사후 의사결정이 가능해진다고 보면 될 것 같다. 이처럼 우리는 서로 양립할 수 없다고 여겨져온 직관적 사고와 데이터에 기반한 귀납적 사고가 베이지안적 사고를 통해 융합 가능함을 알 수 있다.

베이지안과 유사한 인간의 사유 방식: 베이지안 브레인

∴

우리의 인지적 능력과 뇌는 현실의 환경을 있는 그대로 인식하는 것이 아니라고 한다. 우리가 인식하는 세상은 각자 스스로 창조해낸 세상일 뿐이다. 물론 이 가상 세계는 현실과 매우 흡사하겠지만, 우리가 인지할 수 없는 부분에서 개인마다 차이가 있을 수 있다.

칼 프리스턴은 2012년 『뉴로이미지Neuroimage』에 발표한 종설 「베이지안 브레인의 미래에 관한 역사The history of the future of the Bayesian brain」에서 다음과 같은 내용을 언급하고 있다.[3]

우리 뇌는 외부 세계를 그대로 인지하는 것이 아니라, 자신이 만들어낸 가상의 세계를 통해 인지한다. 이를 '외부 세계에 대한 내적 모델', 즉 '뇌에서 창조된 가상의 현실 모델'이라고 말하며, 베이지안 브레인 이론의 기본 전제다.

베이지안 브레인 이론에 의하면 우리 뇌는 자신의 감각을 인지할 때에도 자극을 제공한 외부 세계를 직접 인지하는 것이 아니라, 이 가상의 현실 모델을 통해서 한다고 한다. 우리 뇌에 있는 외부 세계에 대한 가상 현실 모델(내적인 모델이라고도 한다)은 시뮬레이션을 통해 외부 세계를 예측하기도 한다. 이 베이지안 브레인은 외부에서 인지된 데이터를 학습하고, 판단의 가치를 시뮬레이션을 통해 예측하며, 이를 근거로 의사결정을 수행한다. 베이지안 추론에서와 같이 새로운 증거를 외부에서 수집하고, 자신의 내적 모델을 업데이트한다. 다시 말해 관찰된 데이터를 통해 외부 세계의 정보를 내적 모델에 학습시킨다. 우리 뇌는 자신만의 현실에 대한 관념 또는 가설을 만들고 그 모델을 현실 세계의 경험을 통해 검증하고 수정함으로써 세상에 대한 자신만의 모델을 실제 세상과 좀더 유사하게 만들어간다.

이 내적 모델은 실제 현실 세계가 아닌 자신만의 환상이라고 할 수 있다. 그러나 완전한 환상은 아니며, 현실 검증 과정을 거쳐서 수정되므로 '조절된 환상controlled hallucination'이라 부른다. 여기서 환상에 대한 '조절control' 과정은 '현실 검증Reality Testing' 과정이라고도 할 수 있다. 현실 검증은 자신의 환상을 실제 세계와의 상호작용을 통해 수정하는 과정이며, 인간은 이를 통해서 자신의 생각이 얼마나 현실적인지 깨닫고, 사고방식에 있어서 보편성을 획득한다. '현실 검증'은 정신분석학의 창시자인 지크문트 프로이트가 처음 언급한 것으로, 지금도 심리 분석 및 치료에서 중요한 요소다.

이렇듯 우리는 자신이 만든 내적 세계를 통해서 외부 세계를 인지하는데 이는 인간이 세상을 인지하는 방식이 현실 세계의 증거를 바탕으로 하는 귀납적 방식이 아니라, 자신의 생각에서 나온 세계관을 톱다운top-down으로 전달하는 연역적 방식임을 뜻한다. 즉 스스로가 아무리 객관적·논리적으로 보이고 싶더라도, 우리 뇌는 인지 단계에서조차 주관적일 수밖에 없는 한계를 지니고 있다.

다음으로 베이지안 브레인이 의사결정을 내리는 방식을 살펴보자. 칼 프리스턴은 의사결정에 있어서 베이지안 브레인은 자유에너지 또는 엔트로피(무질서한 정도)가 적은 방향으로 결정을 내린다고 주장한다. 즉 뇌의 내적 모델이 예측하지 못하는 사건 또는 기대하지 않은 사건이 일어나지 않는 방식, 또는 내적 모델이 시뮬레이션 할 때 불확실성이 크지 않은 방향으로 판단한다. 이는 '선택의 가치'에서 살펴본 기대 효용성의 문제와도 같다. 효용성의 문제에서 불확실성은 의사결정의 가치를 감소시키는 요소로서, 우리가 효용성에 근거해 판단한다면, 가치가 큰 일보다 가치가 적더라도 당장에 확실한 것을 선택하게 될 것이다. 즉 엔트로피가 적은 방향으로 판단하는 것이다.

베이지안 브레인은 자신의 내적 모델을 개선시키려는 노력도 한다. 즉 불확실성이 큰 문제에 대해서는 엔트로피를 줄이기 위해 최대한 많은 증거를 수집하려 하기도 하고, 불확실하며 엔트로피가 증가하는 방향으로 움직이는 외부 세계를 관찰하고 그 작동 원리를 찾아내려 애쓰기도 한다.

베이지안 브레인과 유사한 인공지능의 추론 방식

∴

인공지능은 일반 통계와 같은 순수한 귀납적 추론이 아니다. 순수한 귀납적 추론은 데이터가 없으면 아무것도 할 수 없다. 그러나 인공지능은 데이터가 전혀 없는 상태에서도 무언가 선택하도록 만들어져 있다. 인공지능 모델도 톱다운 방식으로 시작하려면 기반이 되는 '가설'(또는 환상)이 필요하다. 이를 초기 모델이라 하며, 초기 모델의 설정이 잘못되면 결과가 산으로 갈 수도 있다. 베이지안 확률 모델을 연구하는 이들 사이에서도 이 초기 가설(또는 모델의 초기화 문제)을 어떻게 처리할 것인가에 대한 논란이 있다.

초기 모델이 올바른 방향이라면 적은 양의 데이터로도 매우 정확한 모델이 만들어질 수 있다. 반면 초기 모델의 파라미터 즉 사전 지식이 지나치게 편향되어 있다면, 적은 데이터로는 제대로 된 학습을 수행할 수 없다. (딥러닝과 같은 인공지능의 초기 파라미터를 초기 가설이라 보기는 어렵고, 확률 분포를 적용하는 것은 아니기 때문에 딥러닝을 베이지안이라고 부르지는 않지만, 이 또한 초기에 설정된 파라미터를 근거로 작동을 시작하므로 순수한 귀납적 논리가 아니라는 점은 동일하다.)

베이지안 확률 모델에서는 사전 지식 또는 사전 확률로 확률 분포를 사용한다. 베이지안 확률 모델도 학습을 위해서는 사전 확률 분포가 필요하다. 여기서 가상의 데이터를 추출sampling하고, 그 값을 실제 참데이터와 비교해 확률 분포를 변경해간다.

예컨대 동전 던지기와 같은 이항 분포는 이미 알려진 수학 공식을 사용해서 사전 분포를 업데이트하는 것이 아주 간편하다. 그러나 실제 현실 문제의 복잡한 분포를 구연하는 것은 매우 어렵다. 이를 해결할 수 있는 방법으로는, 앞서 살펴봤듯이, 어떤 분포도 가정하지 않고 무작위로 데이터를 뽑는 '몬테카를로 방법'이 있다. 연산이 빠른 컴퓨터를 사용하거나, 시간이 많을 경우 매우 유용하다. 몬테카를로 방법을 이용한다면 아래와 같이 복잡한 회색 도형의 면적을 계산할 수도 있다. 일단 파란색 원의 면적을 알고 있다고 가정하고, 위 정사각형 내부에 무작위로 점을 찍는다. 그 점들 중에서 원에 속하는 점과 회색 도형에 속하는 점의 비율은 원의 면적과 회색 도형의 면적의 비율과 같을 것이다. 이를 활용하면 회색 도형의 면적을 구할 수 있다.

〔그림 2〕 몬테카를로 방법을 이용해서 복잡한 도형의 면적을 구하는 법.
C: A = πr²: A의 면적
= C에 찍힌 점의 수: A에 찍힌 점의 수

동전 던지기에서 무작위로 동전을 계속 던지는 것도 일종의 몬테카를로 방법이라 볼 수 있다. 무작위로 반복하다보면 참확률에 가까워질 수 있기 때문이다(그림 3).

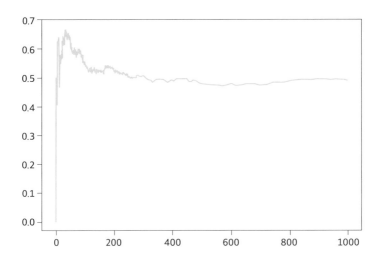

〔그림 3〕 동전 던지기를 1000회 반복했을 때 앞면이 나오는 누적 비율: X축은 반복 횟수, Y축은 앞면이 나온 비율. 무작위로 반복할수록 0.5로 수렴함.

몬테카를로 방법은 너무 많은 시간과 비용을 요구해 그 후로 좀더 효율적인 알고리즘들이 개발되었다. 무작위 대신 일정한 범위의 초기 분포를 가정하고 그 내부에서 샘플을 추출하면서 분포를 찾아가는 방법이 있다. 이 초기 분포를 제안 분포라고 하며, 제안 분포가 너무 엉뚱한 곳에 있다면 학습을 전혀 못 하게 될 수도 있다.

제안 분포는 인간의 베이지안 브레인이 갖는 내적 세상과 동일하다고 할 수 있다. 인간은 초기 분포인 내적 세상에서 가능한 선택을 수행하는데, 이는 초기 제안 분포에서 샘플을 추출하는 것과 동일하다. 인간은 이 선택의 결과와 실제 현실 세계의 결과를 비교해 자신

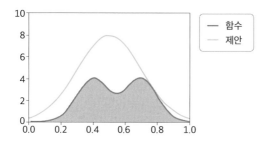

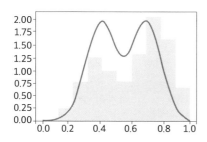

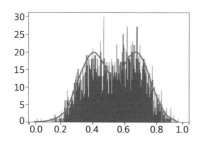

〔그림 4〕 맨 위 그림의 파란 선은 제안 분포를 나타내며, 회색은 현실 세계의 분포다. 가운데 그림은 기각 추출rejection sampling 기법을 이용한 것이며, 초기 제안 분포에서 샘플링을 시행하면서 실제 분포와 유사한 분포(파란색 범위)를 찾아간다. 맨 아래 그림은 좀더 발전된 형태의 마르코프 연쇄 몬테카를로를 이용해 분포를 찾아가는 그래프다.

의 내적 분포, 즉 초기의 제안 분포를 변경한다. 내적 세계에서 어떤 분포일 것이라는 '제안'을 한 뒤 이를 실제로 시행해보면서 수집한 데이터를 통해 수정해나가는 방식이다. 이렇듯 베이지안 확률 모델은 베이지안 브레인의 사고방식과 동일하다.

6장
선택의 가치

현명한 선택을 위한 사전 지식

∴

우리는 앞서 베이지안 브레인이 자신만의 내적 세계라는 사전 지식을 가지고 있고, 현실의 경험을 통해 이를 업데이트해나간다는 것을 살펴봤다. 이번 단원에서는 인간의 사전 지식의 중요성에 대해 살펴볼 것이다. 또한 잘못된 정보가 야기하는 인공지능의 심각한 판단의 오류를 통해 이와 유사한 인간 판단의 오류도 되돌아보고, 이를 해결할 방법을 찾아볼 것이다.

인간의 사전 지식: '결정장애'와 '현명한 선택'을 결정짓다

인간에게 사전 지식 또는 내적 세계란 어떤 의미일까? 베이지안 브레인에서 언급한 것처럼 현실 세계에 대한 단순한 내적 환상일까?

사전 지식에 대해 알아보기 전에 우선 사전 지식이 전혀 없는 경우를 생각해보자. 즉 우리가 한 번도 경험해보지 못한 현실의 문제를 맞닥뜨렸다고 가정해보자. 한낮의 사막에서 길을 잃었는데, 두 갈래 길을 발견했다. 우리는 사전 지식이 전혀 없으므로 무작위 선택을 할 수밖에 없다. 한낮의 사막은 우리에게 어떤 단서도 주지 않을뿐더러 우리의 어떠한 감정적 호감(효용성 이론에서 살펴본 '선호도'라고 봐도 좋다)도 불러일으키지 못한다. 이처럼 내 의사결정에 필요한 정보가 없으므로 무작위로 판단해야 한다면 사전 지식이 전혀 없다고 할수 있다. 그러나 의사결정에 있어서 이런 상황은 매우 드물며, 우리는 직접적인 사전 지식이 아니더라도 직관을 동원해 유사한 문제들에서 이미 갖고 있던 사전 지식을 '인용'한다. '인용'은 다분히 연역적인 사고방식이다. 인용된 사전 지식에는 개인적인 감정, 성향, 믿음, 가치관이 반영되어 있다. 이런 사고방식을 이용하지 않는다면, 우리는 새로운 문제에 대해 어떤 의사결정도 못 할 것이다.

의사결정을 되도록 편견 없이 하려고 노력하는 사람들 또는 자신이 매우 논리적이라고 생각하는 사람들일수록 '결정장애'를 호소하는 이유는 그들이 이미 갖고 있던 직관과 사전 지식을 활용하지 않고 애써 외면하려 하기 때문이다. 이들은 자신의 직관과 사전 지식이 매우 감정적이거나 주관적이라고 착각하는 까닭에 이를 활용하는 것을 두려워한다. 나의 직관과 사전 지식은 비록 불완전하더라도 활용되지 않는다면 새롭게 업데이트되지도 못할 것이다. 그러면 나의 내적 세계와 직관에 대한 신뢰는 더 떨어지고, 내 믿음이나 직관을 활용하기보다는 점점 더 타인의 의견을 따르게 된다.

그렇다고 의사결정이 빠르며 결정장애가 없는 사람이 모두 최적의 의사결정을 하는 것은 아니다. 신념에 찬 사상가는 신속하게 규칙에 기반한 연역적인 판단을 한다. 재미있는 사실은 그들 역시 의사결정에 있어서 자신의 직관과 내적 세계를 완전히 무시한다는 것이다. 그들은 직관과 내적 세계를 무시하는 것을 하나의 절제라고 여긴다. 이로써 그들의 직관과 내적 세계는 활용되지 못하며, 시행착오를 거쳐 업데이트될 기회도 놓친다. 그들은 자존감이 매우 높아 보이지만, 실제로는 다른 분야나 현실의 문제에서, 또는 정서적 측면에서 미숙할 때가 많다. 이런 부류도 결정장애가 있는 사람과 마찬가지로 새로운 문제에 대해서 최적의 의사결정을 할 수 없다.

우리의 직관에는 다양한 감정과 지식이 함수처럼 내재되어 있다. 그러나 이 직관의 논리는 블랙박스 상태로서 그 논리의 근거를 일일이 해석하기는 어렵다. 즉 우리가 직관을 믿고 행동할 때 그 이유를 다른 이들에게 정확히 설명하기란 쉽지 않다. 혹은 그 이유가 비논리적이라며 비난받을 가능성이 있다.

그러나 직관은 우리 뇌가 가지고 있는 경험과 감정, 다양한 논리를 총동원해 결론을 내놓는다. 즉 직관이야말로 우리 뇌를 제대로 '활용'하는 것이다. 우리가 설명이 불가능하다면서 직관을 무시한다면, 우리는 뇌를 점점 더 활용하지 않게 되는 것이나 다름없다. 내 직관을 믿지 않는다면, 논리와 증거를 찾다가 어떤 의사결정도 못 하는 결정장애에 빠지거나 다른 이들이 만든 사상을 맹신하게 된다. 직관은 이미 계산된 감정의 꼬리표의 총합 형태이므로, 그 결정 속도가 너무 빨라 이것이 반사적인 감정일 거라고 착각할 수 있다. 그러나 직관적인 사고에 익숙해지면 단순한 감정과는 차이가 있다는 것을 스스로 느낄 것이다. 직관을 잘 활용하는 사람은 의사결정의 속도가 빠를뿐더러 대체로 자신의 결정을 신뢰한다. 그들은 직관을 활용하면서 이미 많은 시행착오를 겪었으며, 이를 통해 그들의 내적 세계는 현실에 더 적합한 형태로 업데이트되어 있다. 물론 직관은 틀릴 수 있다. 이렇게 틀린 직관을 통해 우리의 내적 세계는 더 성숙해지며, 다음에는 좀더 개선된 직관을 보여줄 것이다.

우리는 실수를 부끄러워하지 말고 직관을 자주 활용해 현실 검증을 받을 필요가 있다. 검증받은 직관은 그만큼 현실에 적합해지고, 이로써 직관에 대한 믿음은 점점 커질 것이다. 자존감이 높은 사람이란 직관을 자주 사용하며 그만큼 성숙한 직관을 갖고 있는 사람이라고도 할 수 있다. 직관을 쓰지 않는 사람은 뇌를 단순히 메모리 저장소로만 활용하는 사람이다. 수백억 원짜리 슈퍼컴퓨터를 사서 사진과 음악만 저장하는 사람과 같다.

사전 모델의 다양성을 확보하라

효과적인 의사결정을 위해서는 성숙한 사전 모델만큼이나 다양한 사전 모델도 중요하다. 특히 새로운 문제를 접했을 때 개인적으로 보유하고 있는 사전 모델이 다양하고 많을수록 시행착오를 적게 겪을 수 있다. 즉 의사결정 과정에서 '인용'할 수 있는 사전 지식이 많은 것은 현명하고 신속한 의사결정에 매우 유리하다. 또한 다양한 경험을 통해 확보한 사전 모델들은 편향성 문제를 해결해줄 수 있다.

다양하고 성숙한 사전 모델들은 교육과 훈련, 풍부한 경험을 통해서 확보할 수 있다. 현명한 사람이란 여러 문제에 관해 사용할 수 있는 사전 모델을 많이 확보하고 있는 인물이라고 할 수 있다. 즉 다양한 사전 모델은 한 개인의 가장 큰 자산이다. 옛 속담에 젊어서 고생은 사서 한다는 말이 있다. 다양한 경험을 할수록 다양한 사전 모델을 확보하게 된다는 점에서 젊은 시절의 고생은 그만큼 투자할 가치가 있는 것이다.

현명한 의사결정의 측면에서는 한 가지만 잘하는 사람을 만드는 교육이 사실 큰 도움은 못 된다. 물론 한 가지에 집중해서 투자하면 성공할 확률은 높아진다. 그러나 한 가지 일에 '성공한 사람'이 인생의 모든 분야에서 현명한 결정을 하는 사람이라는 뜻은 아니다.

인공지능의 학습을 살펴보자. 인공지능을 한 가지에 과몰입되도록 학습시키면, 그 분야에서는 매우 뛰어난 결과를 보인다. 이를 '과적합overfitting'이라고 한다. 과적합화한 인공지능은 같은 환경에서는 탁월한 성능을 보이지만 환경이 조금만 바뀌어도 무용지물이 되고 만다. 이것은 인공지능의 가장 큰 문제 중 하나다. 이를 개선하기 위한 연구들이 진행되고 있지만, 가장 기본적인 해결책은 다양한 조건과 환경의 데이터를 인공지능에게 학습시키는 것이다. 인간도 비슷하다. 한 가지 일에 과적합화한 사람이 다른 일에서 무용지물이 되는 것을 우리는 종종 목격한다.

인공지능을 망가뜨리는 잘못된 학습 데이터

현명한 결정을 위해서는 사전 모델보다 더 중요한 것이 있다. 바로 무엇을 학습했는가이다. 사전 모델이 아무리 훌륭하더라도 새로 학습하는 데이터가 편향되어 있거나 오류를 많이 가지고 있다면, 이를 학습한 인공지능은 금세 망가지고 만다. 그만큼 인공지능은 학습되는 데이터에 무방비로 노출되어 있으며, 이를 악용하는 악의적인 공격adversarial attack에 취약하다.

인공지능에 대한 악의적 공격에는 학습 단계에서 악의적인 데이터를 주입해 모델을 망가뜨리는 '중독 공격poisoning attack', 모델의 추론 과정을 교란시키는 '회피 공격evasion attack', 역공학을 이용해 모델을 복제하는 '모델 추출 공격model extraction attack' 등이 있다. 여기서는 학습 데이터와 관련 있는 중독 공격과 회피 공격을 다뤄보겠다.

중독 공격은 사람과 대화를 나누는 챗봇에게서 흔히 나타난다. 2016년 발표된 마이크로소프트사의 인공지능 챗봇 테이는 일부 사용자가 욕설과 차별적 단어를 악의적으로 학습시킴으로써 열여섯 시간 만에 서비스를 중단해야 했다. 국내에서 개발되어 2020년 공개된 이루다는 20대 여대생이라는 친근한 이미지와 말투로 접근했으나, 이 역시 혐오 표현을 사용하는 등의 불미스러운 일을 일으켰다. 이 챗봇들의 문제는 모두 자연어 학습 과정에서 더 자연스러운 언어를 구사하게 하기 위해, 검열되지 않은 자연어 데이터를 무차별적으로 학습시킨 결과 발생한 것이었다.

영상을 분류하는 인공지능에서도 악의적 공격은 커다란 문젯거리다. 인간의 눈으로는 구별할 수 없는 단 몇 개의 픽셀 오류도 성능 좋은 인공지능을 단번에 바보로 만들 수 있다. 이러한 공격을 회피 공격이라 하며, 이언 굿펠로 등은 2014년 논문에서 약간의 노이즈를 추가함으로써 대상을 완전히 다른 것으로 인지하는 예시를 보여주었다. 아래 그림에서와 같이 판다의 이미지에 인간의 눈으로는 구별할 수 없는 약간의 노이즈를 추가했더니, 이를 긴팔원숭이gibbon로 인지하는 것을 볼 수 있다.

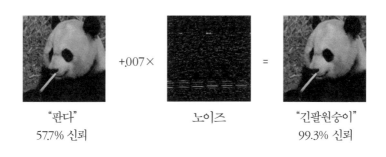

"판다"   노이즈   "긴팔원숭이"
57.7% 신뢰   99.3% 신뢰

〔그림 1〕 이언 굿펠로 등이 ICLR, 2015에 발표한 논문 「악의적 공격 설명 및 활용EXPLAIN-ING AND HARNESSING ADVERSARIAL EXAMPLES」에서 발췌한 사진으로 회피 공격의 예를 보여줌(사진 출처는 ImageNet).

정보에 취약한 인간의 베이지안 브레인

인간은 외부 세계에 대해 '조절된 환상'을 가지고 있다. 이 '조절'은 현실 검증을 통해서 이뤄지는데, 이때 편향적이거나 잘못된 정보를

학습하면 인간도 인공지능과 마찬가지로 올바른 판단을 할 수 없게 된다. 인간 역시 노출된 정보에 매우 취약해 외부 정보의 악의적 공격을 통해 사고가 마비되거나 잘못된 판단을 내리게 되는 것이다.

현명한 사람이 되려면 단순히 현실 검증에 의해 조절된 환상이 아닌 잘 조절된 환상well controlled hallucination을 가져야 하며, 이를 위해서는 양질의 데이터를 학습해야 한다. 인공지능에서 보듯이 인간도 무조건 많은 정보를 학습하기보다 편향되지 않은 양질의 데이터를 학습하는 것이 중요하다. 우리는 영화와 같은 예술 분야에서는 창작의 자유가 존중되어야 한다고 말한다. 그러나 지나치게 폭력적이고 선정적인 장면들은 부지불식간에 우리 뇌에 치명적인 오류를 유발하고 있는지도 모른다. 좋은 것을 보고 좋은 것을 들으며 자신의 내적 환상의 공간을 좀더 아름답게 가꿔야 하는 이유다.

확증 편향: 개선되지 않는 사전 지식

인공지능은 일단 데이터가 주어지면 수동적으로 그대로 받아들인다. 따라서 정확하고 균형 있는 데이터를 학습한다면 편향성 문제는 해결된다. 반면 인간은 공정한 데이터를 학습하더라도 수동적으로만 받아들이는 것이 아니라, 자신의 내적 환상에 따라 편향되게 인지하는 문제가 있다. 즉 인간은 주어진 데이터를 인지하는 단계에서부터 주관적인 사전 지식에 영향을 받는다. 인간은 내가 옳다고 생각하는 것이 있다면, 이에 유리한 증거는 크게 인지하는 반면 불리한 증거는 작게 인지한다. 이는 베이지안 브레인만으로는 설명이 불가능하다.

이럴 때 현실의 데이터를 통해 검증 과정을 거치더라도 내적 세계 (또는 선입관)는 전혀 개선되지 않는다. 오히려 나의 사전 지식에 부합하는 증거만 중요하게 인지함으로써 내적 세계의 선입견이 강화될 수도 있다. 이는 앞서 설명한 인지 오류의 하나인 확증 편향과 일치한다.

1979년 로드 등이 발표한 연구를 살펴보자.[1] 그들은 스탠퍼드대학 학생들을 대상으로 다음과 같은 실험을 했다. 연구자들은 사형제도에 찬성하는 학생과 반대하는 학생들에게 사형제도의 효과에 관한 기존 연구 자료를 제공했고, 학생들에게 사형이 범죄 억제에 어떤 효과를 미쳤는지 조사하게 했다. 연구자들이 제공한 자료 중에는 사형이 범죄 억제에 효과가 있음을 보여주는 연구와 효과가 없음을 보여주는 연구들이 혼재되어 있었다. 베이지안 브레인 관점에서는 이 학생들의 상반된 사전 지식 또는 편향된 초기 환상이 객관적 자료들을 학습함으로써 보편화될 것이며, 서로의 의견차가 좁혀질 것으로 기대된다.

막상 결과는 그렇지 않았다. 사형에 찬성하는 그룹의 결과는 사형이 범죄율을 유의하게 감소시킨다는 결론에 도달했고, 사형에 반대하는 그룹은 사형이 오히려 범죄율을 증가시킨다는 결론에 이르렀다. 두 그룹은 동일한 증거를 제시받았음에도 불구하고, 결과적으로는 자신들의 기존 생각을 더 강화했다.

인간에게 이런 현상은 왜 일어나며 어떻게 극복해야 하는 것일까?

안드레아스 카페스 등은 2019년 『네이처 뉴로사이언스』에 우리 뇌의 확증 편향을 규명하는 매우 흥미로운 연구를 게재했다. 그들은 확증 편향이 우리 뇌의 의사결정에 관여하는 영역인 전전두엽 후내측 피질posterior medial prefrontal cortex의 민감도와 관련 있음을 밝혀냈다. 뇌의 이 부분은 자기 의견에 찬성하는 사람의 의견을 들었을 때는 민감하게 반응했지만, 반대하는 사람의 의견을 들었을 때는 뇌 피질의 민감도가 유의하게 감소했다.[2]

이는 자신이 가지고 있는 사전 지식이나 선호도가 새로운 외부 정보를 인지하는 데 직접적인 영향을 준다는 뜻이다. 결국 우리 뇌는 자신의 사전 지식에 반하는 정보를 덜 민감하게 인지함으로써 자신이 원래 가진 의견을 변경하기 어렵게 만든다는 것이다. 이는 우리가 일부러 의도한 게 아니고 생리적으로 일어나는 현상이기 때문에 이런 형태의 확증 편향을 극복하는 것은 매우 어려운 일이 아닐 수 없다(이 같은 편향성은 의도된 확증 편향과 구별하기 위해 생리적 확증 편향이라 부르겠다).

생리적 확증 편향은 특히 집단적 성향을 보이는 사회 이슈에 관한 한 더 심각하다. 이런 성향은 현실 검증을 통해 객관화되어야 하지만, 실제로 데이터 수집과 현실 검증이 집단 내의 유사한 생각을 가진 사람들 간의 교류를 통해 이루어지므로 편향성이 더 강화될 뿐 어떤 반대 증거도 진지하게 검토되지 못한다. 더욱이 우리에게 객관적 현실 검증 과정을 거쳤다는 믿음을 주는 탓에 극복하기가 매우 어렵다.

이에 더해 온라인 플랫폼의 알고리즘들은 우리를 선호하는 지식에 지속적으로 노출시킴으로써 현실감을 떨어뜨리고 편향성을 더 강화시킨다. 이는 개인의 의도와 달리 알고리즘이 추천한 편향된 데이터에 의해 현실 검증이 이뤄지는 것으로, 이를 추천된 확증 편향이라고 부르자.

지금까지 의도되지 않은 확증 편향들, 즉 생리적 확증 편향, 집단적 확증 편향, 추천된 확증 편향을 살펴봤다. 이런 편향은 본인이 노력하더라도 극복하기 어렵다. 이는 의학자나 과학자들도 극복하기 쉬운 문제가 아니다. 찰스 다윈은 확증 편향에 굴복하지 않으려고 자신의 생각이 옳다는 확신이 강해질수록 그와 반대되는 증거들을 더 적극적으로 찾았다고 한다. 그러나 의도되지 않은 확증 편향들은 아무리 노력해도 극복할 수 없는 한계가 있다. 집단적 사고의 편향을 피하기 위해 '악마의 변호인devil's advocate'이라는 방법을 활용하기도 한다. 악마의 변호인이란 집단의 의사결정을 일부러 반대하는 역할을 부여받은 사람이며, 이를 통해 집단 내에서 당연시되는 편향성을 극복하고자 하는 노력이다. 추천된 확증 편향의 문제는 플랫폼 서비스의 뉴스 추천 알고리즘 또는 연관 검색어 찾기에서 많은 논란이 있지만, 아직 뚜렷한 해결 방법은 제시되지 못하고 있다.

점쟁이가 자기 점을 못 치는 이유: 예측에 개입할 때 생기는 변화
∴

우리가 환경을 관찰하고 예측하는 것과 그 환경에서 어떤 행동을 하는 것은 전혀 다른 문제다. 앞서 프레드폴과 추천 알고리즘을 통해 알고리즘이 직접 생태계에 개입할 때 발생하는 문제를 살펴봤다. 이로써 생태계를 관찰할 때의 예측보다 생태계에 개입한 이후의 예측이 훨씬 더 어려운 문제임을 알 수 있었다. 옛 속담에도 점쟁이가 자기 점은 못 친다는 말이 있다. 왜 이런 현상이 일어나는 걸까?

혹자들은 그 이유가 관찰자일 때와는 달리 본인이 직접 일에 개입하는 순간 이성보다는 감정이 앞서기 때문이라고 한다. 물론 틀린 말은 아닐 수 있다. 그러나 이 책에서 우리는 감정적인 결정의 문제를 다루지 않고 있다. 감정적인 결정은 어디까지나 본인이 만족하면 될 사안이다. 이 책에서는 감정적 원인 외에도 관찰자가 아닌 일인칭 시점으로 생태계에 개입할 때 발생할 수밖에 없는 문제들을 생각해보고자 한다.

시점의 변화로 인한 첫 번째 문제는 제한된 탐색이다. 객관적인 삼인칭 관찰자였을 때는 여러 경로로 수집되는 데이터를 비교적 고르게 수집할 수 있었다. 그러나 생태계에 뛰어드는 순간 우리 시선은 고정된다. 즉 생태계 내의 일인칭 시점에서만 데이터를 수집할 수 있는데, 이는 매우 제한적인 데다 편향성을 띨 수밖에 없다. 프레드폴의 예에서 본 것처럼 프로그램이 생태계에 개입하면 행동과 데이터 수집의 위치가 동일한 자리로 제한된다. 즉 순찰 지역의 데이터밖에 수집할 수 없다. 이렇듯 일인칭 시점에서는 자신이 행동하고 경험한 정보만 학습된다.

인공지능 연구자들은 제한된 탐색의 문제를 극복하기 위해 일정

분량의 무작위 탐색을 허용한다. 또한 탐색의 효율을 극대화하기 위해 수십 수백 개의 인공지능 모델을 만들어 동시에 대규모 탐색을 수행하게 하는 연구도 진행하고 있다. 이에 대해서는 집단적 의사결정 부분에서 자세히 다루겠다.

두 번째 문제는 내가 생태계에 개입하는 순간 그 생태계는 더 이상 불변의 진리 공간이 아니라 나와 상호작용을 하는 하나의 대상이 된다. 생태계 즉 환경은 내 행동에 영향을 받고 변화하며, 나에게 다시 영향을 주기도 한다. 그런 까닭에 생태계를 단순히 관찰했을 때와는 달리 내가 개입해서 변화된 생태계는 예측이 더 어려워진다.

내가 주식시장에 개입해서 주식을 사는 순간 그 주식시장의 수요와 공급에는 변화가 생긴다. 특히 대규모 주식 거래가 가능한 기업의 개입은 환경에 더 커다란 영향을 끼치게 마련이다. 강에 댐을 세워 물줄기를 막는다고 가정해보자. 이 거대한 영향력은 예측할 수 없을 정도로 생태계의 변화를 가져올 것이다. 즉 환경에 큰 영향을 주는 주체가 생태계에 개입하는 것은 생태계 자체를 변화시킴으로써 우리의 예측을 매우 어렵게 할 것이다. 그렇다면 거시적 생태계 입장에서 볼 때 아주 작은 나의 행위도 과연 생태계에 변화를 유발할 수 있을까?

결정론적 예측의 불확실성: 카오스 이론

작은 개입이 가져올 변화가 의심스럽다면 카오스 이론Chaos theory[3]을 먼저 짚고 넘어가는 것도 나쁘지 않을 듯싶다.

앞서 설명한 것처럼 뉴턴이 발견한 역학의 인과관계는 우리에게 예측의 문제를 계산할 수 있는 문제로 만들어줬다. 만약 우리가 역학 외의 다른 문제에서도 중력 가속도와 같은 인과관계의 고정된 값을 찾을 수 있다면 미래를 예측하는 일은 가능해질 것이다. 특히 과학과 수학을 믿는 사람들은 이처럼 결정론적 생각을 하기 쉽다. 그에 따르면 우리 미래는 이미 결정되어 있다.

뉴턴의 역학은 결정론적이다. 한 물체의 운동은 계산되며 이론적으로는 이 운동하는 물체의 위치를 정확히 예측할 수 있다. 만약 다른 물체가 개입해 서로의 중력이 작용한다면 운동의 예측은 좀더 복잡해지긴 하나 똑똑한 물리학자라면 계산이 가능하다고 한다. 그러나 세 개 이상의 물체에서 상호작용 하는 중력과 궤도 운동을 예측하는 것은 물리학 분야의 난제로 손꼽힌다. 이를 삼체 문제Three body problem라고 하며 수학자 앙리 푸앵카레는 이 문제의 일반해를 구하는 것이 불가능함을 증명했다고 한다.[4] 즉 "유한개의 기호로 표현되는 공식"을 구할 수 없다고 증명한 것인데 일반 공식이 없다면 미래를 계산하는 것이 어려워진다. 이처럼 결정적이고 계산 가능한 수학적 문제에서도 물체가 상호작용하는 경우에는 예측이 어려워진다. 결정론적 환경, 즉 계산 가능한 환경에서도 예측이 불가능한 상황, 불확실성의 상황이 존재하는데 이를 카오스적 상태라고 한다.[5]

카오스 이론에 의하면 아주 작은 초기의 오차도 예측 불가한 상황을 만들 수 있다. 우리는 거시적 통계 문제에서 사소한 오차는 무시할 수 있다고 배운다. 이에 따라 임의의 작은 변화는 미래에도 큰 영향을 끼치지 못할 거라고 생각하기 쉽다. 그런데 막상 수학적으로 계산해보면 전혀 그렇지 않다.

미국의 수학자이자 날씨 예측을 연구하던 로렌츠는 「브라질의 한 나비의 날갯짓이 텍사스에 토네이도를 불러올 수 있을까?」라는 주제 의 연구를 미국과학진흥협회AAAS에서 발표했다.6 그는 수학적 결정 모델에서 초기 상태의 매우 미세한 변화가 예측할 수 없는 커다란 변 화를 가져올 수 있음을 컴퓨터 시뮬레이션으로 증명했다(로렌츠 시스 템, 그림 2). 이것이 그 유명한 '나비 효과'다. [그림 2]를 보면 컴퓨터에 서도 무시할 수 있을 정도인 0.000001의 오차로도 2000시간 후에는 전혀 다른 트랙을 지나게 된다. 이러한 현상을 초기 데이터 민감성이 라고 하는데, 초기의 미세한 차이가 큰 변화를 유발하는 것을 뜻한 다. 즉 우리의 작은 행동으로 인한 미세한 생태계의 변화가 커다란 영향력을 발휘하는 것이 가능하다. 예를 들어 나의 주식 거래로 인 한 주가 그래프의 미세한 변화가 수개월 뒤 예측 불가능한 큰 변화 를 유발할 수 있다는 것이다.

카오스 이론은 초기 조건이 완벽하게 파악 가능하다는 전제하에 미래를 예측할 수 있다. 그러나 초기 조건을 완벽하게 파악하지 못하 고 추정치를 사용한다면, 그 추정치의 오차 때문에 완전히 엉뚱한 예 측을 하게 되는 것이다. 이러한 카오스 환경은 예측 불가능하지만 사 실 계산될 수 있는 결정론적 움직임이다. [그림 3]을 보면 로렌츠 시 스템은 모든 위치에서 일정한 벡터를 가지고 있다. 이를 바람의 방향 이라고 생각하면 출렁이는 연의 움직임을 이해하는 데 도움이 된다.

A   B

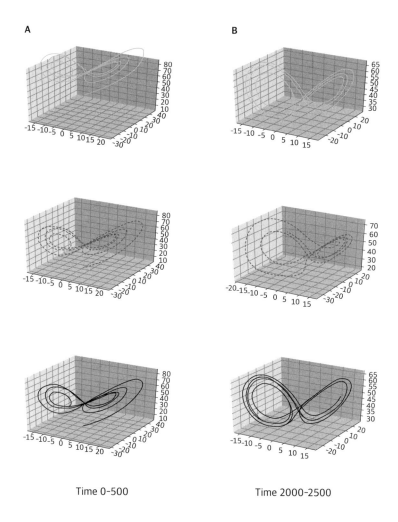

Time 0-500   Time 2000-2500

[그림 2] 로렌츠 시스템의 컴퓨터 시뮬레이션. 같은 로렌츠 공식에서 출발한 세 곡선은 파란
선은 (1,1,1), 점선은 (1,1,1.00001), 검은색 선은 (1,1,1.000001)의 위치에서 출발했다. '그림 A'에
서 500시간까지 세 곡선은 동일한 트랙을 지나간다. '그림 B'에서 2000시간이 지나면 서로
전혀 다른 트랙을 그리며 지나가게 된다.

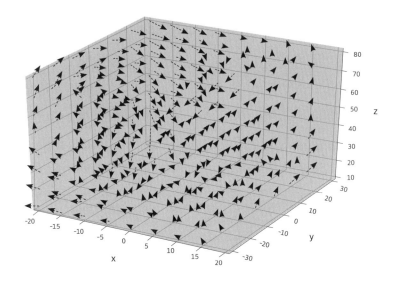

〔그림 3〕 로렌츠 시스템의 운동 방향(벡터): 각각의 검정 화살표는 삼차원 공간에서 각 실수점의 위치가 갖는 벡터를 나타낸다. 각 화살표는 위치마다 변하지 않는 고정된 값이다.

연은 무작위로 움직이는 것 같지만 〔그림 3〕의 화살표처럼 계산된 바람의 방향을 따라 움직인다. 다만 미세한 위치의 차이로 벡터의 방향이 바뀌기 때문에 우리는 몇 분 뒤의 연의 운명도 예측할 수 없다.

그렇다면 예측 불가능한 생태계에서 우리는 어떻게 최적의 의사결정을 할 수 있을까?

불확실한 생태계를 이기는 확실한 자유의지

어쩌면 우리는 예측을 너무 안일하게 생각했는지도 모른다. 그저 좋은 상황을 예측하고 그 위에 가만히 올라탈 생각을 했는지도 모른다. 그러나 그 상황이란 것은 불확실한 카오스적 상태이며, 그 큰 흐름에 올라탄다면 내 미래가 어디로 갈지 알 수 없다. 자연계 현상으로 치면 소용돌이치고 있는 바람이나 파도치는 물결과도 같다. 우리가 이 내부를 떠다니는 미세한 먼지나 모래 한 알 같은 존재라면, 여러 시간이 흐른 뒤 우리 미래는 예측할 수 없다. 바람에 몸을 맡기는 연도 마찬가지다. 연은 바람을 타고 흔들거리며 하늘을 잘 날아다니는 것처럼 보인다. 그러나 때로 갑자기 소용돌이에 휘말려 어이없이 추락하기도 한다. 이 순간 우리가 연의 끈을 살짝 당겨 다른 방향의 바람을 타게 하면 연을 다시 하늘로 띄울 수도 있다. 즉 약간의 위치 차이로 상승 기류를 탈 수도 있고 하강 기류를 탈 수도 있다. 연처럼 사람도 카오스 환경의 흐름을 탄다면 미세한 상태의 차이로 큰 변화를 맞을 수 있다. 일란성 쌍둥이라도 카오스 환경에서는 미세한 차이가 둘의 운명을 완전히 갈라놓을 수 있다.

그렇다고 크게 염려할 것까지는 없다. 생명체는 카오스 환경이 형성한 결정론적 방향에 따라 먼지처럼 떠다니지는 않는다. 모든 생명체는 결정론적 방향을 거스르는 특징을 갖고 있다. 물고기는 물의 흐름에 역행해 헤엄치고, 새들은 기류를 갈아타는 지혜를 발휘해 중력을 거스르며 비상할 수 있다.

생명체는 세포 단위에서부터 무생물과 구별되는 특징이 있는데, 상황에 따른 피드백이 가능하다는 것이다. 이 피드백은 연날리기에서처럼 연줄을 살짝 잡아당겨 다른 방향의 바람으로 옮겨 타는 것과 같다. 생명체는 이러한 피드백을 이용해 카오스계에서 예측 가능성을 유지한다. 직진 도로를 달리는 자율주행차에서 피드백 없이 핸들만 고정해놓는다면, 결국 도로 상태의 미세한 차이가 자동차의 바퀴를 미세하게 틀 것이며, 결정론적으로 자동차는 차선을 이탈하게 된다. 따라서 자율주행차가 직선 주행을 하려면 핸들이 계속 미세하게 움직이는 피드백 과정이 요구된다.

최근에 강한 바람을 이겨내는 인공지능을 이용한 드론neural-fly이 개발되었다. 이 드론은 인공지능으로 강한 바람에 적절한 피드백을 함으로써 거기에 휩쓸리지 않고 지혜롭게 비행을 유지할 수 있다. 이는 바람이 일으키는 모든 방향을 예측하고 움직였다기보다는 상황에 따라 그때그때 적절한 피드백을 할 수 있었기에 가능했다.[7]

카오스 이론이 주는 교훈은 우리 환경이 결정론적일지언정 그 결과는 불확실하다는 매우 모순적인 사실이다. 즉 어느 바람을 타느냐는 우리의 운명을 결정하지만, 그 미세한 차이가 가져오는 결과는 예측 불가능하다. 우리는 언제나 미세한 움직임이 가능하므로, 그 결정된 바람을 어느 때고 갈아탈 수 있다. 확실한 목표를 가지고 변화하는 상황에 적절히 반응한다면, 결정론적이지만 불확실한 외부 환경을 극복하고 목표를 향해 갈 수 있는 것이다. 그러므로 우리 운명이 결정되어 있다는 결정론자의 말은 틀렸다. 한 줄기 바람은 결정론적으로 움직이지만, 어느 누구도 먼지처럼 그 바람 한 줄기만 타고 가지는 않는다. 우리는 날마다 그 바람을 갈아타고 있기 때문에 결정론으로 예측할 수 있는 것은 아무것도 없다. 확실한 미래는 결국 목표를 향해 가는 자유의지가 결정한다.

카오스를 이길 때와 즐길 때

물리적 세계는 결정론적으로 움직이며 그 미세한 변화는 카오스적 불확실성을 가지고 있다. 목표를 달성하려면 우리는 이러한 물리적 환경에서 매 순간 적절하게 반응해야 한다. 파도의 카오스적 공간에서 물고기는 모든 위치에서 적절히 움직여야만 생존할 수 있다.

물론 늘 엄청난 에너지를 쓰며 이 상황을 이겨내야 하는 것은 아니다. 때로는 상승 기류를 타 노력하지 않아도 최고의 순간을 맞기도 한다. 이 기류를 적절히 갈아타기만 해도 우리는 만족스러운 삶을 살 수 있다.

카오스적 상황은 사실 우리의 생존에 매우 중요한 부분이다. 우리 몸이 외부 충격을 어느 정도 견뎌낼 수 있는 것은 카오스적 물리 작용에 의한 것이다. 몸에 가해지는 충격은 한 곳에 집중되지 않고 카오스적 방식으로 전체에 고르게 분산되기에 우리 몸은 부서지지 않는다. 우리 뇌파가 카오스적으로 분산되지 않는다면, 뇌파의 공명이 증가해 뇌전증(예전에는 간질 발작이라고 불렀다)이 발생할 수도 있다. 우리가 부서지는 파도 소리, 바람 소리, 흔들리는 나뭇잎 소리에 마음의 안정을 되찾는 것도 소리의 카오스적 분산이 정신적인 긴장을 완화시키기 때문이다. 우리는 모든 상황에서 자연계의 결정론적 움직임에 저항하며 살 순 없다. 때로는 자연계의 물리적 흐름에 몸을 맡긴 채 쉬어가는 것이 필요하다.

TMI

결정론자들이 카오스 환경을 '혼돈'의 상태로 생각한 이유는 이 문제를 선형식으로 풀 수 없기 때문이다. 선형식, 즉 일차원 수학식은 뉴턴 이후 모든 인과관계를 설명하는 데 기본 식이 되어왔을 뿐 아니라 지금도 설명 가능한 예측은 일차원 수학식을 이용한다. 일차식은 원인과 결과가 일대일로 대응되기 때문에 해석이 쉽다. 비록 현실 세계의 결과들은 다양한 원인이 결합해 만들어내지만, 인간의 논리로 원인과 결과가 일대일로 대응되지 않는다면 우리는 어떤 결과의 원인을 해석하기 어렵다.

카오스 식은 결정론적인 수학식이지만 비선형적 구조를 띠고 있다. 이는 인공신경망의 구조와도 유사하다. 심층인공신경망은 일차식을 겹겹이 쌓은 층형 구조로 되어 비선형적 구조를 만들어낸다.

최근에 인공지능 연구자들은 카오스 시스템을 데이터에 기반해 예측하고자 하는 연구를 진행하고 있다. 특히 비선형 예측이 가능한 인공신경망은 카오스 시스템을 예측하는 데 적합한 모델이다.

일부 인공지능 모델은 카오스 시스템의 '초기 데이터 민감성', 즉 초기 데이터의 사소한 차이에 의해 큰 변화가 발생하는 현상을 극복할 정도로 발전하고 있다. 특히 강화학습 모델을 이용하면 로렌츠 시스템의 소용돌이를 타고 자신이 원하는 방향으로 이동하는 인공지능을 만들 수도 있다. 인공지능 모델이 카오스 역학을 예측할 수 있다면, 우리가 개입한 생태계의 상호작용으로 발생하는 불확실성도 예측 가능할 것으로 기대된다. 참고로 2019년 브런은 딥러닝 기반의

인공지능을 이용해 물리학의 난제인 '삼체 문제'도 풀어낼 수 있음을 보여주었다.[8]

7장
본격적인 인과관계 분석

앞서 '인과관계에 관하여' 편에서 빅데이터를 활용함에 있어 잘못된 연관성을 예측에 활용할 때 발생하는 문제들을 살펴봤다. 그 이유는 보이지 않는 원인이 서로 관련 없는 두 사건을 동시에 발생시킴으로써 그 둘이 마치 연관 있는 것처럼 보이게 만들기 때문이었다. 데이터 연구자들은 이 두 거짓 연관성을 끊어내고, 진짜 원인을 찾기 위해 많은 방법을 고안해오고 있다. 여기서는 인과관계를 찾기 위한 그들의 노력을 본격적으로 소개하고자 한다.

의학 데이터에서 연관성의 오류, 빅데이터 활용의 문제점

∴

어떤 치료법의 치료 효과를 증명하려면 앞서 탐색 편에서 언급한 것처럼 무작위 임상시험이 필요하다. 그러나 이는 시간과 비용을 많이 요구할 뿐만 아니라, 치료의 무작위 배정이라는 윤리적 논란을 일으킬 여지가 있다. 특히 희귀 질병은 임상시험을 위한 충분한 환자의 수를 확보하는 것 자체가 불가능하다. 그런 까닭에 희귀 질환의 경우 과거의 치료 결과가 수집되어 있는 데이터베이스를 활용해서 임

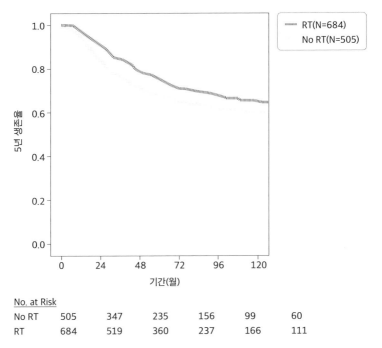

No. at Risk						
No RT	505	347	235	156	99	60
RT	684	519	360	237	166	111

〔그림 1〕 활액막 육종 환자의 생존 곡선. 검정 선은 방사선 치료를 시행한 환자의 생존 곡선이며, 파란 선은 방사선 치료를 받지 않은 환자의 생존 곡선이다. 그림에서 방사선 치료를 받지 않은 환자에게서 통계적으로 유의하게 생존율이 감소하는 것을 볼 수 있다.(출처: 『종양외과 저널』, 2015년) No RT는 방사선 치료를 시행하지 않은 환자이고, RT는 방사선 치료 환자다.

상시험을 대신하곤 한다.

2015년 나잉Naing 등은 세계 최대 암 환자 데이터베이스인 시어 SEER(The Surveillance, Epidemiology, and End Results)의 자료를 활용해 희귀 암인 활액막 육종의 치료 결과를 『종양외과 저널Journal of Surgical Oncology』에 보고했다.[1] 그들은 다변량 분석을 통해 생존 기간의 증가와 방사선 치료 사이에서 유의한 연관성을 찾아냈다. 또한 〔그림 1〕과 같이 5년 생존율Disease-specific survival rate, DSS이 방사선 치료를 시행한 그룹에서 유의하게 증가했다고 보고했다. 이들의 분석 결과는 방사선 치료가 활액막 육종 환자의 생존 기간을 연장시키는 효과가 있다는 것을 뜻한다. 과연 이것은 사실일까?

과거의 데이터를 이용하는 연구는 이미 관찰된 결과를 활용하므로 후향적 연구라 한다. 과거의 데이터를 실험 데이터와 비교해 관찰된 데이터observed data라고도 하고 인공지능 강화학습에서는 실시간으로 학습되는 데이터, 즉 온라인 데이터online data가 아니라는 뜻에서 오프라인 데이터offline data라고 부르기도 한다.

이것들의 공통점은 우리가 임의로 조작할 수 없고, 알 수 없는 환경에 의해서 형성된 데이터라는 점이다. 특히 특정 행위(치료를 포함하는)에 의해 결과의 변화가 존재하는 데이터라면, 그 행위 자체만이 아니라 행위를 유발하는 숨겨진 요인에 의해서도 결과가 바뀔 수 있다. 예를 들어 감기에 걸렸을 때, 감기약을 복용한 사람들이 감기약을 복용하지 않은 사람보다 감기가 더 오래갔다고 가정해보자. 아마이때는 감기약을 복용한 사람들이 처음부터 감기 증상이 더 심했을 가능성이 있다. 심한 증상은 감기약을 복용하게 한 중요한 유발 요인이 된다. 또한 심한 증상은 감기를 오래 지속시킬 가능성이 높다. 심한 증상은 감기약 복용을 유발하므로 관찰 데이터에서 감기약을 복용한 그룹에는 증상이 심한 사람이 많이 포함되는 반면, 감기약을 복용하지 않은 그룹에는 증상이 경미한 사람이 많이 포함된다. 결국 관찰 데이터에서는 감기가 오래 지속되는 것과 감기약이 강력한 연관성을 보인다. 만약 데이터에서 초기 증상의 심한 정도에 대한 기록이 없다면, 우리는 감기약이 감기를 오래 지속시킨다는 결론을 얻을 것이다. 이러한 현상을 심프슨의 역설Simpson's paradox이라고 한다.[2] 즉 치료를 받은 환자가 더 안 좋은 결과를 보이는 것을 말하는데, 이는 사실 안 좋은 환자들이 치료를 받았기 때문이다. 감기의 초기 증상은 최종 결과(감기의 지속 기간)에도 영향을 주지만 동시에 치료 약의 선택에도 영향을 주었는데 이와 같은 요소를 통계학에서는 교란 변수confounder라고 부른다. 교란 변수를 인과관계 그래프로 설명해보면 (그림 2)와 같다.

교란 변수는 상호 연관성이 없는 두 사건에 동시에 영향을 줌으로써 마치 둘 사이에 연관성이 있는 것처럼 보이게 한다.

이처럼 치료가 실험적으로 통제되지 않은 환경, 즉 과거 데이터를 이용할 때는 아무리 데이터 양이 많은 빅데이터라도 교란 변수의 효과가 희석되지 않는다. 따라서 과거 데이터를 연구할 때는 먼저 교란 변수를 찾아내는 것이 중요하다.

앞서 든 희귀 암인 활액막 육종의 SEER 데이터를 살펴보자. (그림

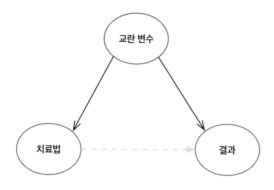

〔그림 2〕교란 변수, 치료법, 결과에 관한 인과관계 모델: 교란 변수는 치료법을 결정하는 데 영향을 줄 뿐만 아니라, 결과에도 영향을 미치는 변수다. 예컨대 감기의 심한 증상, 암의 병기는 치료법에도 영향을 주면서 결과에도 영향을 주는 요인이다. 치료 결과를 알고 싶을 때, 치료한 군과 그렇지 않은 군에서 이 교란 변수의 균형을 맞춰야 결과가 왜곡되지 않는다.

3)의 그래프는 방사선 치료 그룹과 방사선 치료를 시행하지 않은 그룹에서 각 변수 간의 기준값의 차이를 보여준다(파란색 점: 방사선 치료 그룹, 별표: 치료하지 않은 그룹).

이 그래프에서 두 그룹 간의 변수의 분포가 상이함을 알 수 있다. 특히 주의해서 볼 부분은 병의 진행 정도를 말하는 병기SEER다. 병기는 환자의 예후에 직접적인 영향을 주는 요소로, 낮을수록 예후가 좋다고 할 수 있다. 이 데이터에서 방사선 치료를 한 그룹(파란색 점)이 방사선 치료를 안 한 그룹(검은색 별)보다 병기가 확연히 낮음을 알 수 있다. 낮은 병기는 항암 치료보다 방사선 치료를 선호하게 된 동기가 되었을 수 있다. 따라서 낮은 병기는 교란 변수로 작용해 좋은 예후와 방사선 치료 사이에 거짓된 연관관계를 만들었다고 볼 수

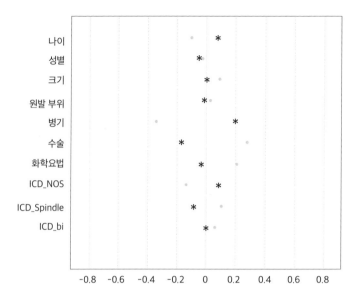

〔그림 3〕 활액막 육종암 환자 SEER 데이터에서 방사선 치료 여부에 따른 각 변수의 기준값 차이. 방사선 치료를 받은 환자(파란색 점)와 받지 않은 환자(검은색 별)의 기준값 차이를 보면 특히 병의 진행 정도를 나타내는 병기에서 두 그룹의 차이가 크게 나타나는 것을 볼 수 있다. 참고: ICD_NOS는 국제질병분류의 '달리 명시되지 않은not otherwise specified', ICD_Spindle은 방추세포 유형, ICD_bi는 이상세포 유형이다.

있다. 즉 항암 치료를 받은 환자들 중에는 예후가 나쁜 병기가 높은 환자가 많았으며, 방사선 치료를 받은 환자들 중에는 병기가 낮은 예후가 좋은 환자가 많아 두 그룹을 비교했을 때 방사선 치료 환자들의 예후가 좋은 것처럼 보였을 수 있다. 그렇다면 과연 방사선 치료와 환자의 예후에는 직접적인 인과관계가 없는 것인가? 과거의 데이터를 활용해서 치료와 같은 행위의 효과를 알 수는 없는 걸까?

인과관계 추론 I

∴

치료와 어떤 행위의 효과, 즉 행위와 결과의 직접적인 인과관계를 알려면 인과관계의 추론에 대한 이해가 요구된다. 인과관계의 추론은 1934년 수얼 라이트의 경로 분석path analysis에서 기원한 인과관계 그래프에서 시작되었다.[3] 인과관계 그래프는 하나의 방향성을 가진 그래프이며 이는 직관적으로 원인과 결과를 설명해준다. 이 그래프 이론은 앞서 살펴본 바와 같이 관찰 데이터로는 그릴 수 없다. 왜냐하면 관찰 데이터는 오직 연관성만을 보여주기 때문이다. 진정한 인과관계 그래프를 그리려면 '실험'을 해야 한다. 펄은 이처럼 '조정do' 된 인과관계 모델을 일반적인 연관성과 구별하기 위해 do-calculus 형태로 표현했다.[4]

예를 들어 T라는 행위가 발생한 상황에서 Y라는 결과가 발생했다면 그 확률은 보통 조건부 확률 P(Y|T)로 쓴다. 이것은 T가 일어났을 때 Y가 일어날 확률을 의미한다. 반면 인과관계가 확인되었다면 확률은 P(Y|do(T))로 표기하기로 한다.

펄은 과거의 데이터로 발견한 연관관계가 인과관계, 즉 do-calculus 형태가 되기 위해서는 아래의 조건을 만족시켜야 한다고 봤다. 물론 독자들이 이 이론을 모두 이해할 필요는 없다. 그렇더라도 펄이 전개하는 이론은 인과관계란 무엇인가를 논리적으로 생각해볼 기회를 줄 것이다.

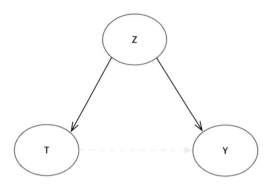

〔그림 4〕 구조적 인과관계 모델.

T와 Y의 인과관계가 확인되었다면 결과는 '계산'할 수 있는 고정된 값이 되며, 확률값이라면 참확률값이 된다. 즉 확률 $P(Y|do(T))$는 고유의 고정된 확률이 된다. 그러기 위해서는 다음과 같은 조건들을 만족시켜야 한다.

첫째, Y에 직접적인 영향을 주는 모든 변수 Z가 T를 결정하는 데 아무런 영향을 주지 않는다면 do-calculus가 성립될 수 있다. 예를 들어 감기 증상이 심한지 여부가 감기약 처방에 영향을 주지 않는 상황을 뜻한다. 이 조건은 교란 변수가 없는 상황이며, 관찰 데이터를 사용해도 인과관계 모델을 만들 수 있다. 그러나 현실적으로 관찰 데이터가 이 조건을 만족시키기는 어렵고 오직 실험적 환경에서만 가능하다. 특히 무작위 실험은 T를 결정하는 데 아무런 요소도 작용하지 못하게 함으로써 위 조건을 만족시킨다.

둘째, 관찰 데이터에서 뒷문 경로backdoor path가 차단된다면 do-calculus가 성립될 수 있다. 여기서 뒷문 경로란 인과관계 그래프에서 교란 변수와 행위(또는 치료)의 연관관계를 말한다. 즉 행위 또는 치료 T를 결정하는 데 영향을 주는 요소들의 효과를 차단하는 것이다. 이 관계를 차단하는 과정을 de-confounding이라고도 하며 다양한 통계적 방법이 시도되고 있다.

과거의 데이터를 이용해 특정 치료법의 효과를 보려는 경우를 들어보자. 우선 환자의 결과에 영향을 주는 치료를 제외한 모든 요소를 찾아낸다. 이들 중 치료군(T=1)과 비치료군(T=0)에 편향적으로 존재하는 변수들 Z를 골라낸다. 이 변수들 Z가 동일한 조건하에서 치료군과 비치료군을 비교한다. 이것을 매칭 방법이라고 하며 아래와 같이 표현할 수 있다.

$$P(Y|do(T)) = \sum_z P(Y|T,z)P(z), z \in Z$$

앞서 희귀 암인 활액막 육종은 암의 예후에 결정적인 영향을 주는 병기SEER의 분포가 방사선 치료군과 비치료군에서 편향적으로 존재했다. 그 외에도 예후에 영향을 미치는 나이, 수술 및 항암 치료 여부도 두 군 간에 차이가 보인다. 우리가 방사선 치료의 효과를 보려면 이 모든 교란 변수가 유사한 환자들 가운데 치료를 시행한 사람과 치료하지 않은 사람의 예후를 비교해야만 한다. 이 매칭 방법을 이용해 카플란-마이어 생존 분석을 시행한 그래프는 〔그림 5〕와 같다. 이 그래프에서는 두 군 간에 유의한 차이가 없는 것을 확인할 수 있다. 즉 방사선 치료는 동일한 조건의 활액막 육종 환자에서 비교했을 때 예후에 영향을 끼치지 않았다고 볼 수 있다.

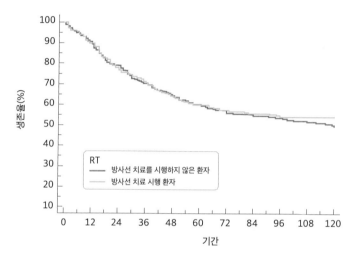

〔그림 5〕 활액막 육종암 SEER 데이터에서 방사선 치료 여부에 따른 생존 곡선. 방사선 치료를 시행한 환자(파란 선)와 시행하지 않은 환자(회색 선)에서 성향 점수 매칭propensity score matching 방법을 이용해 동일한 조건의 환자를 비교한 결과다.

이외에도 행위의 경향성을 하나의 함수로 보고 이를 이용하는 방법도 있다. 이를 경향성 함수propensity function(PS(X))라고 부르며 조건부 확률로 P(T|Z)로 나타낼 수 있다. 즉 주어진 변수 Z에 의해 치료여부가 영향을 받는 정도를 말한다. 예를 들어 나이age와 병기stage가 치료 여부에 영향을 주었다면 P(T|age, stage)로 표현할 수 있다. 이는

데이터 분포의 편향된 비율을 나타내므로 이의 역수를 취해 가중치로 사용하면 분포의 편향된 비율을 교정할 수 있다. 이를 역경향성 가중치Inverse Propensity Weight(IPW)라고 하며 과거 데이터 보정에 자주 쓰이는 방법이니 참고하길 바란다.

$$\text{평균 치료 효과}(ATE) = \frac{1}{n}\sum_{i=1}^{n}\frac{Y(T=1)_i}{PS(X_i)} - \frac{1}{n}\sum_{i=1}^{n}\frac{Y(T=0)_i}{1-PS(X_i)}$$

인과관계 추론 II

∴

인과관계를 추론하는 또 다른 시각도 존재한다. 특정한 상황에서 선택의 결과를 판단하려면 똑같은 상황에서 그 옵션을 선택한 것과 선택하지 않은 두 가지 경우를 알아야 하며, 이 두 결과의 차이가 진정한 선택의 결과일 것이다. 루빈은 특정한 상황에서 의사결정이 가져올 예상되는 결과를 잠재적 결과potential outcome라고 정의했고, 그 옵션을 선택했을 때의 예상 결과[Y(T=1)]와 그 옵션을 선택하지 않았을 때의 예상 결과 [Y(T=0)]의 차이를 그 옵션의 효과(τ)로 봤다.[5]

$$\tau = Y(T=1) - Y(T=0)$$

그러나 실제 관찰되는 데이터에서는 똑같은 상황에서 동시에 서로 다른 선택을 한 데이터가 존재하지 않는다. 즉 한 명의 환자에게서 치료를 한 경우와 하지 않은 경우가 동시에 존재하지 않는 것과 같다. 실제 데이터에서는 치료를 했거나 하지 않은 한 명의 환자만 존재하며 이를 사실 데이터factual data라고 한다. 반면 실제 치료 여부와 반대의 데이터, 즉 존재하지 않는 데이터를 반사실 데이터counterfactual data라고 가정한다. 따라서 관찰 데이터에서 인과관계는 사실 데이터의 결과와 반사실 데이터의 결과의 차이라고 말할 수 있다. 그러나 실제로 존재하지 않는 반사실 데이터의 잠재적 결과를 추정하기란 매우 어렵다. 이 때문에 각 개인의 반사실의 결과를 추정하는 대신, 유사한 것이 인정되는 소그룹의 환자들에게서 추정한 것을 반사실 결과로 가정하는 것으로 타협점을 찾기도 한다.

유사성이 확보된 집단(u)에서는 서로 기대되는 결과가 동일하다는 가정하에 집단(u) 내에서 치료군과 비치료군의 기댓값을 추정하고 이 차이를 계산할 수 있다. 이는 앞서 매칭의 방법과 유사한 개념이라고 할 수 있다.

$$\tau^u = \frac{1}{n} \sum Y(T{=}1|u) - \frac{1}{n} \sum Y(T{=}0|u)$$

이처럼 동일한 소집단에서 치료군과 비치료군을 비교하는 시도는 의학 분야에서 정밀 의학이라는 이름으로 선도적으로 시도되고 있다.

과거의 인과관계 문제 또는 치료 효과의 문제는 무작위 임상시험에 근거한 평균 치료 효과average treatment effect를 추정하기 위한 연구들이었다. 평균 치료 효과란 전체 집단에서 이 치료가 효과를 보이는

지 파악하는 것으로, 이를테면 전체 집단에서 특정 소그룹에 효과가 없거나 부작용이 있더라도 이는 무시하자는 것이다. 반면 소집단의 치료 효과 또는 개인별 치료 효과를 계산할 수 있다면, 환자의 상태에 따른 개인별 맞춤 치료가 가능해진다.

이처럼 치료군과 비치료군의 잠재적 결과를 예측하는 알고리즘, 또는 개인의 반사실 데이터를 추론하는 알고리즘은 이론적으로 소그룹 또는 개인별 치료 효과를 예측할 수 있기 때문에 최근 의료계에서 가장 중요한 연구 분야가 되었다.

8장
게임 이론

불확실한 상대가 있을 때의 의사결정: 게임 이론으로 풀기

∴

우리가 생태계에 개입함으로써 가져오는 환경의 미세한 변화도 큰 변화를 이끌 수 있다면 나의 개입으로 변하는 생태계를 예측하는 것도 가능할까? 만약 예측할 수 없다면 우리는 어떤 행동의 전략을 짜야 할까?

우리가 현재 사용하는 일반적인 예측 모델을 먼저 살펴보자. 빅데이터를 이용한 통계적 예측 모델이나 인공지능을 이용한 예측 모델들은 생태계, 즉 대표 집단이 항상 동일하거나 일정하게 변화한다는 가정에서 시작한다. 만약 우리 행동으로 인해 생태계가 변한다면, 우리가 행동한 이후에는 이런 예측 모델이 쓸모없어진다.

지금까지는 특정한 상황에 맞는 최적의 의사결정에 대해서 알아봤다. 이때도 환경이 변하지 않는다는 전제 조건이 있어야 한다. 즉 특정한 상황이나 상태에서 특정 행위를 할 때 기대되는 결과는 늘 일정하다는 가정이 필요하다. 그러므로 우리의 모델은 환경이 신뢰할 만하고 한결같다는 전제하에 같은 상황, 같은 행동에서 고정된 기댓값을 예측하는 것이다.

만약 예측 모델에서 결과값이 일정하지 않고 변한다면, 즉 똑같은 상황에서 같은 행동에 다른 결과가 나올 수 있다면, 행위의 결과에 대한 안정적인 예측은 불가능하다. 로렌츠 시스템은 매우 불규칙해 보이지만, 사실 각 위치(그림 2)에서 고정된 벡터값을 갖고 있기 때문에 심층 강화학습을 적용하면 그 위치의 고정된 값을 추정하는 것은 불가능하지 않다. 그러나 로렌츠 시스템의 특정 위치를 방문하는 순간 고정되었던 벡터값이 변한다고 가정해보자. 이것은 심층 강화학습도 찾아내지 못할 것이다.

환경이 우리의 영향을 받는다면, 환경은 더 이상 일관된 진리값을 갖는 절대적 존재가 아니며 우리 행동에 반응해 변화되는 불확실한 상대일 뿐이다. 이처럼 불확실한 상대가 존재하는 상태에서 의사결정 방법을 고민하는 이론이 바로 '게임 이론'이다. 게임 이론은 경제학자, 사회과학자들에게 많이 인용되는 응용수학 분야이며, 최근에는 인공지능 분야에서도 상호작용이 예상될 때 최적의 값을 찾기 위해 활용하는 사례가 늘고 있다.

게임 이론은 1944년 존 폰 노이만과 오스카 모겐슈터른의 『게임 이론과 경제 행동Theory of Games and Economic Behavior』에 처음 소개되었다.[1] 그는 최소극대화Minimax 원리를 이용해 제로섬Zero-sum 게임에서 두 경기자 모두를 만족시키는 하나의 전략이 존재함을 증명했다. 이는 두 경기자의 최대 손실을 최소화하는 전략으로, '최적'이라는 단어를 사용했다. 제로섬 게임은 한 사람이 얼마를 잃으면 반대편에서 같은 액수를 얻는 게임, 즉 총합이 0이 되는 게임을 말하거나, 혹은 가위바위보처럼 한 사람이 이기면 다른 사람은 지는 게임을 말한다. 이때는 '지지 않는 것'이 최적의 전략이다.

우선 간단한 제로섬 게임의 예를 통해 최소극대화의 원리를 알아보자. 모든 게임에는 규칙이 중요하므로 다소 지루하더라도 그냥 넘어가지 말고 천천히 규칙을 숙지해주길 바란다.

게임을 실행하는 경기자 A와 B가 있다. 이 게임을 통해 A는 R만큼의 보수를 B에게 지급한다. 즉 B는 R만큼의 보수를 받고, A는 R만큼의 보수를 잃는다. 이때 A는 R를 최소화하려 노력할 테고, B는 R를 최대화하려 노력할 것이다. A는 a라는 행동으로 대응한다. B는 b라는 행동으로 대응하며, 서로의 선택을 모르는 채 동시에 대응해야 한다. 전략이란 행동의 집합을 말하므로 각각의 전략(π)은 행동의 순서(0, 1, 2……)에 따라 다음과 같이 나타낼 수 있다.

$$A\text{의 전략: } \pi_A = \{a_0, a_1, a_2 \cdots\cdots\}$$
$$B\text{의 전략: } \pi_B = \{b_0, b_1, b_2 \cdots\cdots\}$$

보수 R는 A, B의 행위에 따라 변동하는 하나의 함수이므로 다음과 같이 나타낼 수 있다.

$$R=f(a,b)$$

규칙이 모두 정해졌으니 이제 게임을 시작해보자. A는 상대방의 행위를 모르므로 $f(a,b)$를 최소화하려는 행동 a_0를 선택한다.

$$f(a_0,b) \leq f(a,b)$$

B는 반대로 $f(a,b)$를 최대화하려는 행동 b_0를 선택한다.

$$f(a,b) \leq f(a,b_0)$$

즉 A는 B의 모든 행동 b에 대해서 최소가 되는 a_0를 찾아야 하는 반면, B는 A의 모든 행동 a에서 최대가 되는 b_0를 찾아야 한다. 결국 동시에 일어나는 A와 B의 혼합된 행동 a_0, b_0의 보수, 즉 $f(a_0,b_0)$는 A 가 선택한 최선의 행동 a_0의 보수 중에서 하나일 것이고, B가 선택한 최선의 행동 b_0의 보수 중에서 하나일 것이다. 최소값보다 크고 B가 원하는 최대값보다 작을 가능성이 높다.

$$f(a_0,b) \leq f(a_0,b_0) \leq f(a,b_0)$$

결국 두 경기자 모두를 만족시키는 최적의 혼합 전략은 A가 예상한 모든 최소값들 중에서 최대값이 될 것이고, 동시에 B가 예상한 모든 최대값들 중 최소값으로 수렴된다.

$$\text{Max } \{\min f(a_0,b) \cdots \min f(a_i,b)\}$$
$$\leq f(a_i,b_j) \leq \text{Min } \{\max f(a,b_0) \cdots \max f(a,b_j)\}$$

모두 만족하게 되는 상황은 A가 원하는 최소값들 중 최대값과 B가 원하는 최대값들 중 최소값이 일치하게 되는 것이며 이를 내시 균형이라 부른다.

1950년 존 내시에 의해 제안된 내시 균형은 동시 게임에 있어서 상대방의 전략을 고려할 때 손해 보지 않을 수 있는 평형 상태를 말한다. 단순하게 말하면 내가 갖고 싶은 최대값 중 최소값은 상대방이 나에게 주고 싶은 최소값의 최대값일 것이다. 이 평형 상태에서는 누구도 손해 보지 않는 게임이 된다. 최소극대화 문제에서 평형 상태는 결국 아래와 같이 표현된다.[2]

$$\text{Max min } f(a_i,b) = \text{Min max } f(a,b_j)$$

따라서 불확실한 상대가 있는 문제에서 내가 할 수 있는 일은 가능한 모든 경우의 수에서도 지지 않을 수 있는 전략(또는 옵션)을 선택하고, 상대방의 결정을 기다리는 것이다. 상대방이 최선을 선택하더라도 나는 비길 수 있고, 만약 실수라도 한다면 나는 크게 이길 수도 있다. 특히 상대방과 동시에 행동해야 하며 판단 기회가 단 한 번뿐이라면, 각 옵션에서 예상되는 최소값이 가장 큰 옵션을 선택하는 것이 지지 않는 전략이다. (각 옵션에 이길 확률의 신뢰구간이 존재한다면 신뢰구간의 하위 경계Lower bound가 가장 큰 옵션을 선택하면 된다.)

앞서 우리가 배운 UCB 알고리즘은 각 옵션에서 예상되는 신뢰구간의 상위 경계를 기댓값으로 가정하고 선택했다. 이는 어디까지나 탐색이 허용되는 경우로 여러 번의 선택이 가능할 때만 적용해야 한다. 불확실한 상대방이 존재한다면 각 옵션의 최악의 경우를 염두에 두고 그중 가장 좋은 것을 선택하는 게 안전하다.

교통 환경의 불확실성과 내시 균형

∴

운전할 때 최단 시간을 찾아주는 아주 단순한 내비게이션 시스템이 있다. 전국의 모든 사람이 하나의 내비게이션을 사용하고, 다들 이 시스템을 신뢰한다고 가정해보자. 이 내비게이션은 실시간 정보를 받아 길이 막히는 곳을 정확히 알고 있고, 우회로로 간다면 예상되는 시간을 계산해 더 빠른 길을 알려준다. 그러나 모든 운전자가 그 우회로를 따라간다면, 처음 예상과 달리 내비게이션이 추천한 길이 더 막힐 수 있다. 즉 내비게이션의 결정은 운전자들의 행위에 영향을 미치고, 운전자들은 실제로 교통 환경에 개입해 그 환경의 변화를 유발하게 된다.

그렇다면 우리는 내비게이션이 추천한 길을 가야 할까, 아니면 역 발상으로 원래 가던 길로 가는 것이 좋을까? 이것은 사실 예측 불가능한 상황이다. 운전자 중 몇 명이 내비게이션을 따르고, 몇 명이 따르지 않을지 도저히 예상할 수 없기 때문이다.

우선 중학교 수학 문제를 참고로 간단한 속도 거리에 관한 모형을 만들어보자. A 고속도로에서 현재 차량의 평균 속도는 시속 30킬로 미터로 극심한 정체를 보이고 목적지까지 100킬로미터를 가야 한다. B 고속도로의 현재 평균 차량 속도는 시속 60킬로미터이며 목적지까지의 거리는 120킬로미터로 좀 돌아가야 한다(그림 1).

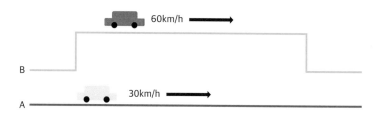

〔그림 1〕 고속도로에서 빠른 길 안내하기

A, B 고속도로 중 어느 길로 가야 더 빨리 갈 수 있을까?

A 고속도로의 예상 이동 시간: $\dfrac{100km}{30km/hour}$ = 3.3시간

B 고속도로의 예상 이동 시간: : $\dfrac{120km}{60km/hour}$ = 2시간

정답은 B 고속도로로 가는 게 더 빠르다일 것이다.

그러나 실제로 B 고속도로에 자동차가 많아지면 통행량은 늘어 날 것이다. 현재 통행량에서 모든 차량이 한곳으로 간다면 매시간 $10km/h^2$로 속력이 감소하고, 반대로 차량의 통행이 없다면 매시간 $10km/h^2$로 속력이 증가한다고 가정해보자. 그리고 중간에 사잇길이 없어서 한번 결정하면 끝까지 가야 한다. 이는 한쪽이 증가하는 만큼 다른 한쪽이 감소하는 제로섬 게임으로 볼 수 있다. 만약 모든 차량이 B 고속도로를 이용한다면, 가속도는 시간당 $-10km/h^2$가 되고, 이를 계산하면 평균 속도는 $\dfrac{1}{2}(2v_{B0}-10 \cdot t)$이므로 이동 시간은 2시간에서 2.5시간으로 늘어난다. 반면 같은 방식으로 A 고속도로는 평균 속도가 $\dfrac{1}{2}(2v_{A0}+10 \cdot t)$일 것이고, 총 이동 시간은 3.3시간에서 2.4시간으로 줄어든다. 이 경우 예상과는 반대로 A 고속도로를 고수하는 것이 유리하다.

만약 전체 운전자 중 50퍼센트만 이 예측을 따라 양쪽 도로의 가속도의 증감이 $10km/h^2$에서 반으로 줄어 $5km/h^2$였다고 하고 위와 같이 계산하면, A 고속도로에서 걸리는 시간은 2.7시간, B 고속도로에서 걸리는 시간은 2.2시간이 된다. 이 경우는 B 고속도로로 가는 게 유리할 것이다. 이렇듯 B 고속도로에 몇 퍼센트의 차량을 분배하느냐에 따라 양측 고속도로의 예상 이동 시간은 [그림 2]의 그래프와 같이 나타난다.

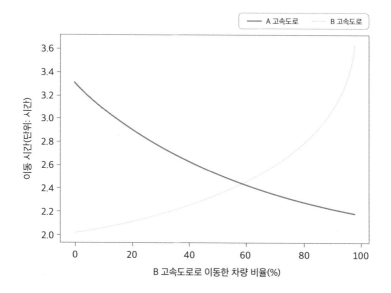

〔그림 2〕 B 고속도로의 차량 증가에 따른 이동 시간 곡선. X축은 B 고속도로로 이동한 차량의 비율, Y축은 각 고속도로의 이동에 걸리는 시간을 의미한다. A 고속도로(회색 선)는 B 고속도로의 차량이 증가할수록 이동 시간이 줄어든다. 반면 B 고속도로(파란색 선)는 그 도로에 차량이 증가할수록 이동 시간이 늘어난다.

　〔그림 2〕의 그래프에서 B 고속도로에 통행 차량의 비율을 증가시킬수록 B 고속도로를 통과하는 데 걸리는 시간이 증가하고(파란색 선), A 고속도로를 통과하는 데 걸리는 시간이 감소하는 것(회색 선)을 볼 수 있다. 여기서 두 선의 교점에서는 두 도로의 이동 시간이 같아지는 것을 알 수 있다. 이 지점에서는 모든 도로에서 차량의 속도가 같아지며 내시 균형에 도달한다. 내시 균형을 공평하다고 본다면, A 도로를 달리는 입장에서는 최대한 B 도로로 차량을 유도하고

싶겠지만, 그 최대 중 최소를 선택해야 하고, B 도로를 달리는 입장에서는 차량의 유입을 최소화하고 싶지만, 그중 최대를 선택함으로써 모두가 이익인 공평함 또는 최적의 결과에 도달하게 된다. 교통망을 통제하는 사람 입장에서는 이러한 평형 상태를 유도하는 것이 가장 바람직할 것이다.

실제로 사용되는 교통망 모형에서 사용자 균형의 원리는 내시 균형의 문제와 유사하다. 사용자 균형의 원리는 1952년 워드롭의 교통망에서 경로 선택 원리의 하나로 제시되었으며, 이는 어떤 개인이 경로를 바꿔도 더 이상 시간이 줄지 않는 상태로 내시 균형 상태를 의미한다.

내시 균형은 교통 모형만이 아니라, 나의 행동에 대응해 상대가 변하는 다양한 의사결정의 상황에도 사용할 수 있다. 특히 한 번에 승부가 나야만 할 때 유용하게 활용할 수 있다. 배수의 진을 치고 버텨야 할 때도 있지만, 욕심을 내려놓고 내가 가질 수 있는 최대 기댓값의 최소값을 선택한다면, 지지 않거나 손해 보지 않는 결과를 기대할 수 있을 것이다.

만약 내가 관리자의 위치에 있다면, 공정한 조직의 관리를 위해서 최소극대화의 원리를 반드시 명심해야 한다. 그렇다면 이 방법을 어떻게 공정성의 문제에 활용할 수 있을까?

공정한 판단이란 무엇인가

∴

내시 균형은 이익을 분산함으로써 최적의 값에 도달하기 때문에 매우 공정한 의사결정 방법이라 볼 수 있다. 즉 최소극대화적 사고는 이익을 모두에게 골고루 분산되도록 하는 최적의 포인트를 찾는 데 적합한 알고리즘이다. 이 방법은 우리의 일상생활에서도 공정성 문제를 해결하는 데 적용 가능하다. 내시 균형을 공정성에 적용하기 전에 우리가 공정하다고 착각하고 있거나, 혹은 외면하고 있는 불공정성의 문제를 먼저 짚어보자.

해결되지 않는 불공정 문제

∴

불공정은 이익을 나누는 문제뿐만 아니라, 우리가 생태계와 상호작용하는 가운데서도 발생한다. 이 과정은 아주 자연스럽게 일어나기에 인지하지 못할 때가 많다. 사회적 차별이나 편견은 이런 과정을 거쳐서 스며들듯 자연스럽게 우리 사회에 증폭되고 있다.

앞서 살펴본 프레드폴 문제를 환경과 상호작용하는 게임 이론의 관점에서 생각해보자. 프레드폴의 단점 중 하나는 우범 지역 예측 알고리즘에 의해 일단 우범 지역으로 설정되면 그 지역의 순찰을 멈출 수 없다는 것이다. 과거의 우범 지역은 타지역에 비해 순찰을 많이 돌게 되어 범죄 '보고 건'이 높게 나온다. 반면 제한된 순찰 인프라로 인해 타지역 순찰이 줄어 타지역의 범죄 '보고 건'은 감소한다. 범죄 발생 및 순찰에 관한 시뮬레이션 프로그램으로 A, B, C 지역의 범죄 보고 건을 살펴보자. 세 지역의 하루 범죄 보고 건수를 각각 30건, 15건, 7건이라고 하자. 그러나 실제 범죄 발생 건은 세 지역이 모두 같았다고 하자. 모두 100대의 순찰차를 각 지역의 범죄 보고 건과 동일한 비율로 나누어서 배정하고, 각 지역의 범죄 발생 보고를 토대로 매일 순찰차를 다시 배정한다고 가정해보자. 이는 이론상 매우 공정한 정책이라고 할 수 있다. 범죄 발생 건은 실제 범죄가 발생하는 건수를 말하며, 이 중에는 관찰되지 않은 범죄도 있을 수 있다. 범죄 보고 건은 순찰대에 의해서 검거된 범죄, 즉 관찰된 범죄들을 말하며, 이는 실제 범죄 발생 건과는 다를 수 있다. 범죄 발생 건이 올라가면 이에 비례해 범죄 보고 건이 올라가겠지만, 순찰이 줄어들면 범죄 발생 건이 올라가더라도 보고 건은 떨어질 수 있다. (수집된 데이터의 공정성에 대한 시뮬레이션을 해보는 것이기 때문에 순찰이 범죄 발생에 미치는 영향은 매우 적게 설정해 세 지역에서 항상 유사한 수의 범죄가 발생하는 것으로 가정하자.)

위의 조건하에서 3000일간의 시뮬레이션을 돌려보면 우리에게 관찰되는 범죄 발생 보고 건은 〔그림 3〕과 같이 나온다. 이를 보면 세 지역의 범죄 발생 건에 큰 차이가 없음에도 불구하고 범죄 보고 건은 세 지역에서 극명한 차이가 나타난다. 이처럼 한번 우범 지역으로 낙인찍힌 곳은 실제로 범죄율이 감소하더라도 꽤 오랜 기간 범죄 보고의 빈도는 높게 유지될 수밖에 없다. 이는 환경에 개입한 주체가

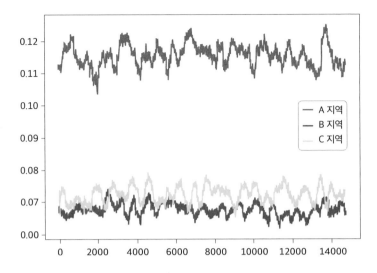

〔그림 3〕 A, B, C 세 지역의 보고된 범죄 건수. 순찰은 전날의 범죄 보고 건수를 근거로 배정했다. A 지역의 범죄 보고율은 여전히 높게 유지되고 있다.

데이터를 수집하는 관찰자의 역할을 동시에 수행하면서 데이터 수집이 공정하게 이루어지지 못했기 때문이다. 만약 우리가 이 사실을 몰랐다면 다음과 같이 말할 것이다. "우범 지대가 희망이 없다는 우리의 생각은 편견이 아니다. 순찰을 늘려도 소용없었다. 봐라, 데이터가 증명하고 있지 않은가?"

우리는 데이터가 가장 객관적인 증거라고 생각하기 쉽다. 그러나 내가 서 있는 위치에서만 수집된 증거는 공정한 증거가 아닐지도 모른다.

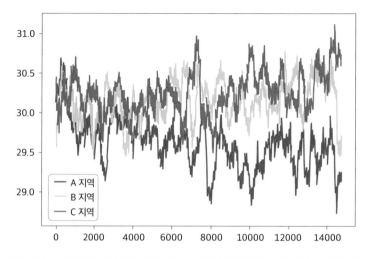

〔그림 4〕A, B, C 지역의 실제 범죄 발생 건수. 초기값에서 범죄 보고가 높았던 A 지역은 순찰이 범죄 발생에 미치는 영향을 매우 적게 설정했음에도 잦은 순찰로 타지역보다 실제 범죄 건수는 떨어지고 있다(남색 선).

이 문제를 최소극대화를 이용해 내시 균형의 문제로 풀어보자.

순찰 지역의 매일 보고되는 범죄율을 즉각 다음 순찰에 반영하기 전에 지난 100일간의 자료를 수집해보자. 순찰 배정은 다음의 내용을 기준으로 정한다. 즉 순찰을 많이 했던 지역에서는 지난 100일간 하루 범죄 보고 건 중 최소 보고 건을 선택해서 다음 순찰 배정의 판단에 활용하고, 순찰이 적었던 지역에서는 지난 100일간 하루 범죄 보고 건 중 최대 보고 건을 다음 순찰 배정의 판단에 반영해 순찰을 재배정해보자.

그 논리를 쉽게 설명하면 다음과 같다. 순찰이 많았던 지역은 범죄가 다른 지역에 비해 과다하게 발견되었을 가능성이 있다. 따라서 이 지역은 일정 기간 보고된 범죄 건 중 하루 최소로 보고된 범죄 건을 의사결정에 사용하기로 한다. 반면 순찰이 적었던 지역은 범죄가 실제보다 적게 발견되었을 가능성이 있다. 따라서 이 경우는 일정 기간 보고된 범죄 건수 중 하루 최대 건수를 의사결정에 사용하자는 것이다. 이는 최소극대화 개념과 동일하다. 이러한 내시 균형적 관점에서 순찰 지역의 재분배를 시행한 시뮬레이션을 돌려보면 놀랍게도 〔그림 5〕와 같이 범죄 보고율이 수렴하는 것을 알 수 있다.

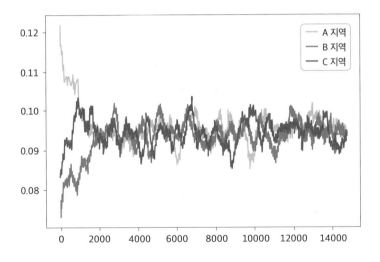

〔그림 5〕 최소극대화를 적용해 순찰을 배정한 경우 A, B, C 세 지역의 보고된 범죄 보고 건수.

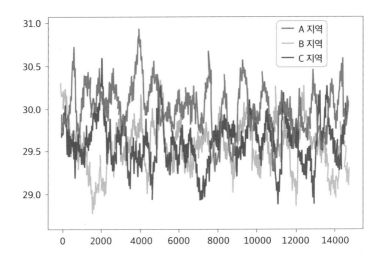

〔그림 6〕A, B, C 지역의 실제 범죄 발생 건수. 최소극대화를 적용해 순찰을 배정한 경우 A, B, C 세 지역의 실제 범죄 발생 건수에는 큰 변동이 없다.

내시 균형의 지혜: 데이터의 공정한 판단이란 무엇인가?

∴

〔그림 3〕에서와 같이 초기 편향성에 의한 탐색은 확증 편향의 경우와 마찬가지로 더 편향된 증거를 많이 찾아내게 된다. 이때 우리 행동이 유발한 환경의 변화를 눈치채지 못할 수 있다. 위의 범죄 예방 프로그램에서 A 지역은 사실 순찰에 의해 실질적인 범죄 발생률이 줄어 타지역에 비해 범죄율이 오히려 낮음에도 불구하고 여전히 범죄 보고가 더 많이 관찰되었다. 이처럼 편향성이 예상되는 문제에서는 최소극대화 알고리즘의 지혜가 필요하다. 과학적 연구에서도 증

거가 많은 이론에 대해서는 가장 나쁜 증거를, 증거가 적은 이론에 대해서는 가장 좋은 증거를 서로 비교해야 편향성을 줄일 수 있지 않을까?

최소극대화 관점에서 보면 근본적인 편견이나 불리함이 존재하는 상태에서 좌나 우로 치우치지 말라는 말은 공정하지 못하다. 이미 불리한 위치에 있는 사람이나 집단을 판단할 때 공정성을 요구하는 것 자체가 공정하지 못할 수 있다. 그들은 이미 나쁜 증거를 많이 가지고 있으며, 좋은 증거가 부족하기 때문에 우리가 '공정'의 잣대로 판단한다면 [그림 3]에서 본 것처럼 공정하지 못한 판단에서 벗어날 수가 없다. 공정한 판단은 증거 수집의 '내시 균형'이 맞는 상태에서 가능하다. 그러므로 우리는 판단하기 전에 증거 수집의 균형점을 찾을 때까지 최소극대화적 관점의 탐색을 수행해야 한다. 예를 들어 불리한 위치에 있는 사람이나 사회적 약자 집단을 정말 공정하게 판단하길 원한다면 그들에게 최대한 유리한 증거를 먼저 찾아야 한다.

이것이 공정한 증거 수집을 위한 내시 균형을 찾는 첫 번째 단계다. 최소극대화를 잘 활용한다면 편견이 만연한 현실의 데이터를 그대로 학습하는 오류를 피할 수 있을 것이다.

데이터 수집의 공정함을 평가하는 법: 자기상관성

∴

내가 학습하거나 관찰한 데이터가 공정한지, 나의 데이터 수집 방향이 과연 공정했는지, 아니면 나의 데이터 수집 활동 자체가 데이터의 공정한 수집에 영향을 미쳤는지 평가할 방법은 없을까?

데이터 전문가들은 데이터 수집에 영향을 주는 요소를 살펴보기 위해 '자기상관성autocorrelation'을 평가한다. 자기상관성은 바로 전 단계에 수집된 데이터들과 다음에 수집된 데이터와의 연관성을 말한다. 만약 데이터가 무작위로 공평하게 추출되었다면 이전 데이터들과 지금의 데이터는 아무런 연관성을 보이지 않을 것이다. 데이터가 쌓일수록 자기상관성이 줄어든다면, 이는 데이터가 무작위적이거나 공평하게 추출되었을 가능성이 높다. 그러나 자기상관성이 크거나, 데이터가 쌓일수록 자기상관성이 증가한다면, 이는 데이터를 모으는 특별한 원칙에 의해 데이터가 모였거나, 데이터 수집에 편향성이 있을 가능성이 있으며, 이러한 상황에서 이 데이터를 가지고 공정한 의사결정을 하기는 어렵다.

우리가 데이터를 수집하는 데 있어서 공정성을 확보하고 자기상관성을 없애길 원한다면, 완전한 무작위 방법으로 데이터를 수집하는 수밖에 없다. 문제는 이런 방법인 몬테카를로 식의 데이터 수집에는 시간과 비용이 많이 들어간다는 것이다. 다행히 무작위 샘플 방법을 좀더 효율적으로 시행하기 위해 고안한 마르코프 연쇄 몬테카를로 Markov Chain Monte Carlo, MCMC 방법이 있다.

이는 데이터를 수집하는 과정(샘플링)에서 무작위법, 즉 몬테카를로법을 기초로 하지만, 자신이 처음 샘플링을 시행한 위치에서 멀리 떨어지지 않고 그 주변부에서 데이터를 선택한다. 이 MCMC 방법은 우리가 현실에서 데이터를 모으는 과정과 유사하다. 우리는 데이터를 주변부에서부터 수집한다. 공정한 데이터를 수집하기 위해 갑자기 미국의 데이터 하나와 한국의 데이터 하나를 수집한다면 너무 많은 시간과 비용이 드는 데다 현실성이 떨어진다. 우리는 대개 주변부 데이터를 근거로 판단하고, 이를 업데이트하기 위해 영역을 넓혀간다.

그러나 영역을 충분히 넓히기 전까지 우리의 데이터는 공정하다고 할 수 없다. 왜냐하면 초기 데이터는 데이터 수집을 시작한 처음 위치에 국소적으로 모여 있기 때문이다. 그러므로 초기 데이터는 자기상관성이 크다. 〔그림 7〕을 볼 때, 무작위법을 사용한다면 선택을 반복할수록 자기상관성이 0에 가깝게 줄어드는 것을 볼 수 있다. MCMC는 초기에 자기상관성이 크게 나타나지만, 선택이 반복될수록 자기상관성은 줄어든다.

인간의 학습과 탐색 과정은 자신이 아무리 공정하게, 즉 무작위로 데이터를 수집했다고 강조하더라도 자기 위치상의 한계로 인해 MCMC와 유사하거나 이보다 더 제한적일 수밖에 없다. 이렇듯 우리 경험이 여전히 주변부를 맴돌고 있을 때는 데이터의 자기상관성이 크게 나타날 것이다. 따라서 우리가 수집한 초기 데이터는 아직 공정한 데이터라고 말하기는 어렵다.

데이터 분석가들은 수집된 데이터가 공정한지 판단하기 위해서

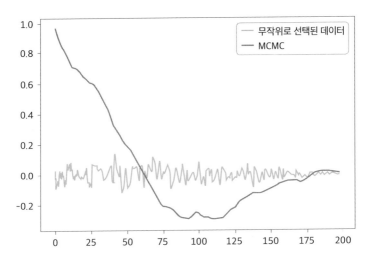

〔그림 7〕자기상관성 그래프. Y축은 상관성을, X축은 반복해서 데이터를 수집한 횟수를 의미한다. 자기상관성은 절대값이 1에 가까울수록 크고, 0에 가까울수록 작다. 파란색 선은 무작위 선택된 데이터의 자기상관성이고, 회색 선은 MCMC를 사용해 선택한 경우의 자기상관성이다.

자기상관성을 평가의 척도로 사용한다. 또한 수집된 데이터의 자기상관성이 충분히 줄어들 때까지 의사결정을 미루거나, MCMC를 이용할 때 자기상관성이 큰 초기의 데이터를 분석에 사용하지 않기도 하는데 이렇게 초기에 자기상관성이 큰 시기를 '번인 기간Burn-in Period'이라고 한다. 번인은 전자제품을 출시하기 전에 전기를 충분한 시간 동안 통하게 해서 기기의 불량 여부를 사전에 확인하는 절차에서 따온 말이라고 한다. 이처럼 우리의 일상적인 판단에서도 공정성을 확보하려면 데이터를 모으기 위한 충분한 시간과 비용이 필요하다. 때로 초기에 관찰하거나 수집한 데이터는 버려야 할 수도 있다. 새로운 사람을 알게 되었거나 면접을 보게 되었다면, 그 사람의 첫인상이 주었던 정보는 빨리 잊어버리고 탐색 시간을 갖는 것이 그를 더 공정하게 평가하는 것일 수 있다.

최소극대화 알고리즘은 데이터 수집의 공정성을 해결하는 방법인 반면, 번인Burn-in은 무작위 추출, 즉 공정한 추출이 보장된다는 전제하에 더 긴 시간을 두고 관찰할 수 있을 때 가능한 공정성의 해결 방법이다. 의사결정의 공정성을 확보하기 위해서는 데이터 수집의 공정성 못지않게 '번인'하는 안내도 요구된다.

9장
다중암 밴딧: 여러 번의 기회가 있는
문제의 선택

우리는 불확실한 상황에서는 효용성이 더 큰 선택을 하게 된다. 효용성을 고려하는 경우는 선택의 기회가 많지 않을 때, 즉 한 번에 모든 결정이 끝나버릴 때 합리적인 방법일 수 있다.

사실 우리가 해결해야 할 문제들은 한 번의 선택으로 모든 게 결정되기보다는 그렇지 않을 때가 더 많다. 마치 기회가 단 한 번뿐인 것 같지만, 조급하게만 여기지 않는다면 기회는 또 주어진다. 홈쇼핑의 예를 다시 생각해보자. 어떤 상품의 수량이 한정되어 있고, 오늘만 세일한다고 하지만, 알고 보면 인터넷에서 언제든 그 가격에 살 수 있을 때가 많다. 심지어 시간이 지나면 가격이 더 떨어진다. 우리는 빠른 선택을 강요받았을 뿐이니, 조급한 결정으로 실수하지 않기를 다시 한번 당부한다.

지금부터는 선택을 여러 번 할 수 있는 예를 생각해보자. 이때는 여러 차례의 시행착오를 거쳐서 가장 만족하는 선택을 찾을 수 있다. 만약 옵션이 몇 개 안 된다면 우리는 쉽게 원하는 선택을 찾을 수 있을 것이다. 하지만 옵션이 많고 시간과 비용의 제한이 있다면 어떤 선택을 해야 후회 없을까?

와인 숍을 방문한다고 해보자. 이때는 옵션이 너무 많은 반면, 정보는 너무 없다. 단 한 번만 와인을 산다면 이미 잘 아는 와인을 고를 것이다. 그러나 이 와인 숍을 앞으로 계속 방문할 예정이라면 어떻게 해야 전반적으로 만족스러운 결과를 얻을 수 있을까?

늘 만족하는 결과를 얻기 위해서는 첫째, 마셔본 와인 중 가장 좋았던 것을 선택하거나 가장 비싼 것을 선택하면 된다. 이는 아는 지식을 활용하는 것이다. 그러나 더 가성비 좋은 와인이 있을 수 있으므로 새로운 와인도 탐색해봐야 한다. 여기서 우리는 앞서 경험한 탐색과 활용의 딜레마에 빠진다. 탐색해봐야 하는 와인의 옵션은 수백 가지가 있고 나의 재화는 한정되어 있다.

이처럼 수많은 선택의 옵션이 있고, 여기서 한정된 재화 또는 한정된 시간 안에 최대한의 만족도를 주는 옵션을 찾아내는 문제를 해결하고자 개발된 것이 멀티암 밴딧multi-armed bandit 알고리즘이다.

밴딧은 도박 게임인 밴딧머신 또는 슬롯머신을 뜻한다. 사실 밴딧은 무장 강도라는 말인데, 이 게임에 빠지면 돈을 많이 잃는 탓에 팔이 달린 슬롯머신이 사람들의 돈을 갈취한다는 의미로 부르게 됐다고 한다. 멀티암 밴딧은 당기는 팔이 여러 개인 슬롯머신을 뜻하며, 각 팔은 서로 다른 확률로 당첨되고, 각 팔에 속한 당첨금도 각기 다르다. 이러한 조건에서 최소한의 시행착오를 거쳐 최대한의 수익을 올리는 것이 이 게임의 목표다.

멀티암 밴딧은 슬롯머신과 같은 도박의 문제나 와인을 고르는 문제 외에도 우리 일상의 반복 선택이 가능한 많은 문제에서 활용될 수 있다. 이를테면 경제학에서는 투자를 결정하는 문제에 멀티암 밴딧을 활용할 수 있고, 의학에서는 치료 방법을 선택하는 문제에 활용할 수 있다.

수많은 수학자와 컴퓨터 과학자는 이 문제를 어떻게 하면 합리적으로 풀 수 있을지 연구해왔다. 비록 아직은 최선의 방법을 찾지 못했지만, 지금까지의 연구 결과들은 일상적인 선택을 더 합리적이고 효율적으로 하는 데 참고할 만하다. 적어도 무작위 선택보다는 좋은 결과가 보장된다.

다중암 밴딧의 문제에서 최적의 보상에 도달하기 위해 사용하는 전통적으로 유명하고, 최근에도 가장 많이 쓰이는 방법은 앞서 자세히 다룬 UCB 알고리즘이다. 2002년 아우어 등이 고안한 UCB는 쉽게 설명하면 어느 옵션이든 기댓값이 클 뿐만 아니라 불확실성도 큰 값을 선택하는 방법이다. 즉 참값이 존재할 가능성이 있는 범위인 신뢰구간 안에서 가장 큰 값을 말하며 이를 '최대 기대치'라고 부르기로 하자.

이제 UCB 알고리즘이 실전에서 어떻게 작동하는지 알아보겠다. 우선 단순히 A 제품과 B 제품 중 하나를 팔고 싶은데, 사람들이 어느 것을 더 좋아할지 미리 테스트해본다고 하자. 두 제품을 각각 100개씩 추천해보고 반응을 살핀다고 가정해보자.

A라는 옵션은 신상품으로 정보가 없어 불확실성이 크고, B라는 옵션은 기존의 선호도 조사 데이터가 있다고 해보자. A는 B보다 신뢰구간의 폭이 넓어서 최대 기대치인 UCB도 B에 비해 클 것이다. 그러면 우선 불확실성이 큰 A라는 옵션을 사람들에게 추천해본다.

A를 추천받은 이들의 반응을 확인하고, 실제 값을 반영해 A의 평균과 그 신뢰구간을 수정한다. 만약 A를 추천받은 이들의 반응이 예상보다 나쁘면 예상 선호도의 평균과 최대 기대치도 감소한다. 또한 A를 여러 번 선택했다면, 신뢰구간의 폭도 줄어들기 때문에 이 역시 최대 기대치가 줄어든다. 다음 선택에서는 A의 최대 기대치가 B보다 작아졌으므로 최대 기대치가 상대적으로 큰 B를 선택한다. 실제 B 값을 확인하고, 그 값을 반영해 B의 평균과 신뢰구간을 수정한다. 만약 B의 기대치가 예상보다 크다면 B의 평균은 더 커지며, B를 다음에 선택하게 될 확률은 증가한다. 이처럼 각 옵션의 UCB, 즉 최대 기대치가 큰 값만 반복해서 선택하다보면, 초기에는 불확실성이 큰 옵션이 선택되지만, 점차 신뢰구간이 좁아져 참값에 수렴하므로 결국에는 참값이 높은 옵션이 선택된다. 이렇게 함으로써 초기에는 불확실한 옵션들에 대한 '탐색'을 더 많이 하지만 점진적으로 참값이 우수한 옵션을 선택하는 '활용'을 하게 된다. 즉 하나의 알고리즘으로 탐색과 활용의 문제를 동시에 해결한 셈이다.

UCB 알고리즘을 이용한 다중암 밴딧은 일상생활에서도 매우 유용하게 활용할 수 있다. 먼저 와인 숍 문제를 해결해보자. 어느 와인 브랜드(와이너리)의 와인이 만족도가 높은지 알고 싶다고 해보자. 가령 와인 생산지는 열 곳이고, 지역마다 50가지 종류의 와인이 있다. 각 와인의 맛과 가성비를 고려해 만족도를 1~10점으로 매긴다. 내 목표는 우선 만족도가 가장 높은 와인의 생산지를 찾는 것이다. 한 번에 다섯 지역을 선택할 수 있으며, 각 지역에서 무작위로 하나씩 와인을 고를 수 있다. 나는 사전 정보를 전혀 갖고 있지 않은 와인 초보자이므로 모든 와인의 신뢰구간은 똑같이 1에서 10 사이다. 와인의 최대 기대치는 10이므로 초기에는 다섯 지역을 무작위로 뽑아서 와인을 하나씩 고른다.

이때 캘리포니아 지역 와인은 10점, 보르도 와인은 8점, 토스카나 와인은 7점, 나머지 와인 둘은 5점으로 매겼다고 해보자. 수정된 캘리포니아 와인의 최대 기대치는 10으로 유지될 것이고, 다른 지역의 최대 기대치는 보르도, 토스카나순으로 감소된다. 다음에 다시 다섯 개의 와인을 고를 때는 이전에 택하지 않은 다섯 지역(이들은 아직 최대 기대치가 10점이다)과 최대 기대치가 10점인 캘리포니아 와인 가운데 다섯 개를 무작위로 고른다.

〔그림 1〕의 왼쪽 하단 그래프는 10회 테스트 후 예상되는 생산지별 와인 점수의 분포이며 신뢰구간이 넓게 나타나 아직 불확실성이 크다. 다음에는 이 그래프에서 최대 기대치, 즉 UCB가 가장 큰 값을 갖는 와인을 선택한다. 이 그래프에서는 점선 그래프가 나타내는 지역의 와인을 선택하면 된다. 여기서 우리가 최대 기대치가 큰 값을 선택한 이유는 그 지역 와인의 점수가 우수하리라 예상되기 때문이

아니라 아직 불확실성이 커서 더 탐색할 목적이 있기 때문이다. 아래쪽 가운데 그래프를 보면, 탐색을 통해 점선 그래프의 불확실성이 줄어들었다. 이 그림에서 이제는 삼중선 그래프가 나타내는 지역이 평균적으로도 우수할뿐더러 최대 기댓값도 매우 크기 때문에 이 지역의 와인을 탐색한다. 마지막으로 100회 테스트를 진행한 오른쪽 하단의 그림을 보면, 대부분의 지역에서 불확실성이 줄어 어느 지역이 만족도가 높을지 명확한 구별이 가능하다. 이제는 상위 점수를 받은 네 지역의 와이너리를 선택한다면 후회가 없을 것이다.

물론 와인을 많이 탐색해볼수록 어느 지역의 와인이 만족도가 높은지 명확해지는 것은 당연하다. 그러나 탐색하는 기간에 만족도가 낮은 와인을 경험해야 하는 일종의 '희생'을 치러야 한다. 와인뿐만 아니라 수많은 '학습'에는 시행착오라는 '희생'이 요구된다.

대부분의 사람은 역경을 통해서 성장한다고 믿는다. 그러나 역경이 많다고 그에 비례해서 성장하는 것은 아니다. 학습 과정에 역경 또는 시행착오가 많은 것은 탐색 과정이 합리적이지 못해서일 수도 있기 때문이다. 탐색 과정 혹은 학습 과정에 있더라도 우리는 그 과정 안에서 만족을 느껴야 하고, 시행착오를 줄여야만 한다. 이처럼 전체 학습 기간의 평균적인 만족도가 높다면 우리는 이 학습에 대한 후회가 없을 것이다.

UCB 알고리즘의 장점은 탐색 기간에도 만족도가 높은 쪽을 추구하기 때문에 전체 학습 기간의 평균적인 만족도 역시 높일 수 있다는 것이다. 〔그림 1〕에서 상단의 왼쪽과 중앙의 그래프를 보면 각각

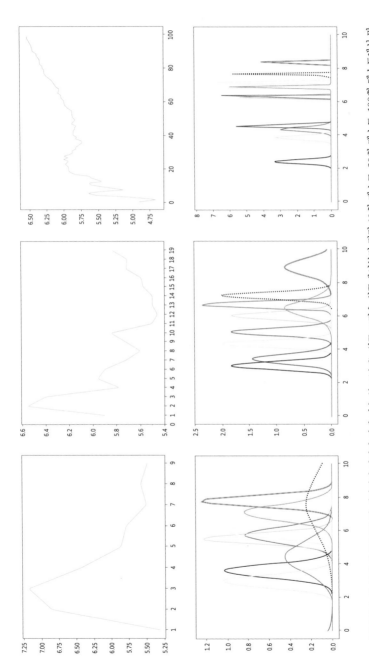

[그림 1] 누적 와인 만족도(위) 및 생산지별 와인의 기대 점수 분포(아래). 위쪽 그림은 왼쪽에서부터 각각 10회 테스트, 20회 테스트, 100회 테스트에서 단 축도의 누적 평균 점수다. 아래쪽 그림은 왼쪽에서부터 각각 10회 테스트, 20회 테스트, 100회 테스트 후 생산지별로 기대되는 점수의 분포를 보여준다.

10회 및 20회 테스트 시 와인의 만족도는 등락을 반복하지만, 상단 오른쪽의 100회 테스트 그래프를 보면, 20회 테스트 이후의 만족도는 항상 평균 이상을 유지하며 상승하는 것을 볼 수 있다.

이는 무작위 탐색과 비교해보면 더 확실하다. [그림 2]는 200회의 무작위 테스트로 와인을 고른 경우의 누적 평균 만족도를 보여준다. 이는 전체 와인의 평균 만족도 점수를 넘지 못한다. 물론 무작위 탐색도 이 시기가 지나면 우수한 와인이 무엇인지 찾을 수 있었을 것이다. 그러나 무작위 탐색의 기간은 실험 기간일 뿐 그 탐색의 시간을 즐기지는 못했을 것이다. 반면 UCB 알고리즘은 만족도가 지속적으로 증가할 뿐만 아니라, 일정 시간이 지나면 탐색 기간 내내 평균 이상의 만족도를 유지할 수 있다.

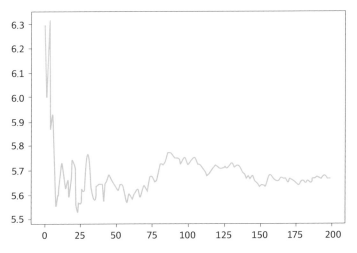

[그림 2] 생산지를 무작위로 200회 선택해서 와인을 테스트했을 때의 누적 평균 만족도.

탐색 기간의 만족도 문제는 사실 모든 분야에서 중요하겠지만, 특히 의학 분야에서는 그 중요성이 매우 크다. 의학 분야에서 치료 효과를 검증하는 가장 정확한 방법으로 전향적 무작위 임상시험이 있다. 이것으로 새로운 약물의 효과를 검증하는 경우 환자를 무작위로 배정해 치료군과 대조군으로 나누고 치료군에는 새로운 약물을, 대조군에는 위약 또는 기존 약물을 투여한다. 이 탐색 과정은 끝까지 매우 고통스럽다. 어떤 환자는 그 약물의 효과가 없더라도 결과가 나올 때까지 치료를 끌고 가야만 한다. 어느 누구도 이 실험에 참여한 환자 전체(치료군과 대조군을 포함하는)의 만족도나 결과를 고려하지 않는다. 즉 이 실험에서는 치료군과 대조군의 결과의 차이만 중요할 뿐, 실험에 참여한 전체 환자의 평균적인 이득은 중요하지 않다. 다시 말해 이 실험 자체는 실험에 참여한 환자들에게 아무 이득도 보장해 주지 않는다. 다만 그 결과를 통해서 이 약물을 사용할 의사들이나, 향후 치료를 받을 환자들에게 그 효과를 증명하고 확신을 줄 수 있을 뿐이다.

만약 멀티암 밴딧 알고리즘을 임상시험에 도입한다면, 이 방법은 치료 효과를 입증하는 본래의 '실험적' 목적을 유지하면서도, 점진적으로 효과 없거나 부작용이 있는 치료법은 줄여가는 한편 효과가 좋은 치료법은 늘려감으로써 전체 실험 대상 환자들의 이익을 최대화할 수 있다. 임상시험의 주체가 되는 제약회사나 의료진 입장에서도 이 알고리즘은 무작위 임상시험에 들어가는 비용을 최소화하면서 윤리적 문제도 최소화할 수 있는 장점이 있다.

멀티암 밴딧 알고리즘은 기업의 의사결정에도 자주 사용된다. 예를 들어 온라인 광고 기업이 수많은 광고 중 더 효과적인 것을 선택해야 할 때, 온라인 콘텐츠 공급 기업이 수많은 콘텐츠 가운데 각 개인의 취향에 맞는 것을 추천해야 할 때 멀티암 밴딧이 활용된다. 사용자들은 '좋아요'를 클릭해 기업에 만족도 데이터를 제공한다.

다시 정리하자면 다중암 밴딧은 실험적 반복이 가능한 상황과 옵션이 다양한 상황에 최적화된 사고방식 중 하나다. 이 경우에는 불확실성이 큰 옵션을 먼저 선택하는 긍정적이고 도전적인 UCB 알고리즘이 적격이다. 앞서 살펴본 효용성 이론에서는 불확실성의 감쇠효과로 인해 불확실성이 큰 옵션은 택하지 않았다. 만약 다중암 밴딧과 같은 문제에서 효용성을 적용한다면 최악의 결과를 얻을 것이자명하다. 효용성 관점에서 볼 때 한 번도 가보지 않은 길은 불확실성의 감쇠 효과가 큰 탓에 결코 선택될 수 없기 때문이다.

상품을 파는 입장에서는 자기 제품에 대한 효용성을 강조해 다양한 선택지를 불확실하게 만드는 것이 유리하다. 반면 소비자 입장에서 선택한 제품의 만족도를 높이려면 불확실성이 큰 다양한 제품을 탐색해봐야 한다. 다양한 옵션이 있는 모든 문제에서 효용성의 가치는 마지막에 고려하는 것이 좋다.

직업을 선택하는 일도 다중암 밴딧의 문제와 같다. 그런데 현실에서 우리는 직업 선택에 직면해 오히려 효용성 이론을 적용하곤 한다. 이미 잘 알려지고 확실하며, 현재 수입이 가장 좋은 직업이 한 번도 경험해보지 않았거나, 새로운 직업보다 효용성이 높다. 심지어 우리는 자녀들이 효용성 높은 직업을 갖게 하기 위해 조기 교육을 시키기도 한다. 그러나 이는 직업을 선택하는 당사자의 만족도 측면에서는 최악의 결정 방법이다. 게다가 많은 사람이 효용성을 기준으로 직업을 택하려 하기 때문에 이런 직업은 경쟁도 치열하다. 그런 이유로 이 분야에서 만족스러운 결과를 얻기 위해서는 더 많은 노력이 요구되며, 노력한 만큼의 만족도를 얻기란 쉽지 않을 것이다.

효용성 이론은 자본주의적 가치에서 매우 중요한 부분을 차지한다. 자본주의적 사고에 익숙한 우리는 효용성의 가치가 가장 합리적이라 생각하고, 모든 의사결정의 문제를 이 관점에서 해결하고자 한다. 그러나 반복 가능한 문제나 선택의 옵션이 다양한 문제에서 효용성을 지나치게 강조하는 사람이라면 그는 최악의 선택을 하게 될 가능성이 높다. 그는 아마도 앞서 본 와인 숍 문제에서도 가장 유명한 와인만 고집할 것이고, 비슷한 사고를 하는 다른 많은 사람 때문에 그 와인은 가격이 더 비싸질 것이다. 그리고 더 비싸진 와인은 더 희귀해질 것이며 우리는 그 와인을 마시기 위해 더 비싼 값을 지불하면서 더 오래 대기해야 할 것이다. 그 와인보다 맛이 더 좋고 값이 더 저렴한 와인이 널려 있는데도 말이다.

반대로 한 번의 기회밖에 없는 상황에서 효용성을 무시하고, 모험적이며 불확실한 옵션을 고르는 경우도 최악의 선택이 될 수 있다. 다시 한번 강조하지만, 우리는 선택하기 전에 이 문제가 어떤 유형인지 파악하는 것이 중요하며, 그 유형에 따라 다르게 접근해야 한다.

10장
집단의 의사결정

집단에 대한 의존성과 믿음

∴

인간은 사회적인 동물이다. 타인과의 건강한 상호작용은 삶에 큰 이득을 가져다준다. 우리는 집단에 소속됨으로써 혼자서는 못 하는 일을 성취할 수 있다. 집단에 소속감을 갖고 구성원들과 상호작용을 활발히 하는 사람일수록 정신적·육체적으로 더 건강한 생활을 영위할 수 있다.

한편 집단에 대한 지나친 의존성은 자유로운 의사결정을 방해할 수 있다. 사춘기 청소년에게서 생기는 '또래 의식peer pressure'이 집단 의존성의 대표적인 예다. 십대들은 '가족'이라는 혈연 중심의 집단에서 벗어나 새로운 사회적 집단에 소속감을 느낀다. 이 집단에 소속되기 위한 명확하고 공식적인 절차는 없다. 바로 이 점이 새로운 집단에 속하고 싶은 청소년들의 마음을 더 헷갈리게 하며, 가끔 그들은 또래 집단에 소속되기 위해 엉뚱한 결정을 내리기도 한다. 이 또래 의식을 또래 집단에 의한 사회적 압박으로 보기도 하지만, 사실 이 현상은 오히려 집단에 소속되고자 하는 개인의 자발적인 열망에 더 가깝다. 이는 사춘기 청소년만의 문제가 아니다. 집단 의존성이 강한 성인들도 청소년과 마찬가지로 집단이 원하리라 생각되는 방향으로 자발적으로 움직인다.

독일의 신학자 슐라이어마허(1768~1834)는 '믿음'을 "절대 의존의 감정Feeling of Absolute Dependence"이라고 말했다.[1] 그의 말에 전부 동의할 수는 없지만 적어도 그는 '신뢰'와 '의존성' 간에 상관관계가 있다는 사실을 간파했던 것 같다. 우리는 신뢰하는 사람에게 의존적이 될 수도 있지만, 반대로 우리가 전적으로 의존하는 사람을 신뢰하게도 되는 것이다. 그러므로 슐라이어마허의 명제처럼 절대적 의존성은 믿음이 될 수 있다. 집단에 대한 의존성에도 이 명제가 적용된다. 한 집단에 대한 의존성이 클수록 그 집단에 대한 신뢰와 충성도도 높아진다. 그리고 이러한 전적인 신뢰는 우리의 이성적 판단을 마비시킨다. 인류 역사상 최악의 비이성적 광기를 발휘했던 일본의 군국주의나 독일의 나치즘이 가능했던 배경에는 국가에 대한 절대적 의존성을 가진 국민이 있었다. 이른바 '스톡홀름 신드롬'이라고 알려진, 1973년 스톡홀름에서 발생했던 은행 강도 사건에 대해 살펴보자.[2] 이 사건의 인질들은 6일이 넘는 시간 동안 은행 강도들에게 감금되었다. 아마 인질들의 생명은 전적으로 은행 강도들의 '자비'에 달린 상황이었을 것이다. 따라서 그들은 은행 강도들에게 전적으로 의존할 수밖에 없었다. 문제는 그들이 구조된 후에도 그 강도들에게 애착의 감정을 보였고, 자신들을 구조한 경찰들에게는 적대적인 감정을 보였다는 것이다. 이러한 역설적 현상은 가정 폭력을 일삼는 남편 또는 아버지에게 더욱 의존하게 되는 가족 구성원들에게서도 나타난다. 이처럼 절대적 의존성은 왜곡된 '신뢰'를 만들어낼 수 있다.

이외에도 집단과 개인의 관계에서 '절대적 의존의 감정'이 나타나는 상황은 다양하다. 그것이 절대적 이념과 연결되면 사이비 종교 형태로 나타날 수도 있고, 편협한 사회운동의 형태로 나올 수도 있으며, 정치적 편향으로 나타날 수도 있다. 구성원의 충성도가 매우 높고 리더십을 전적으로 신뢰하는 집단에 속해 있다면, 그 집단 안에서 나 자신의 상황에 맞는 최적의 의사결정은 불가능할 것이다. 다시 말해 한 집단에 대한 과도한 의존성은 올바른 의사결정을 방해한다.

집단적 편향성

∴

우리는 자신이 경험한 한정적인 세계를 통해서만 세상을 볼 수 있기 때문에 누구나 개인적 편향성을 가지고 있다. 집단은 일반적으로 구성원끼리 유사한 경험을 공유하기 때문에 편향성이 더 강화되는 경향이 있다.

집단의 편향성이 반드시 부정적인 것만은 아니다. 이 편향성이야말로 그 집단의 개성을 드러내며, 집단의 다양성이라는 그들의 존재 가치를 나타내는 것이기도 하다. 문제는 이런 집단의 구성원들 가운데 집단에 대한 '절대적 의존성'을 보이는 이들이 존재하거나, 서로 다른 의견이 무시되는 환경이라면 더 극단적인 편향성으로 치닫는다는 것이다. 이처럼 극단적 편향성을 보이는 집단 내에서는 개인이 올바른 결정의 자유를 누릴 수 없다. 이런 곳에 소속되어 있다면 더 깊이 '세뇌'되기 전에 하루빨리 떠나는 것이 바람직하다.

집단의 대립

∴

우리는 파벌이나 학파와 같은 집단 간의 대립을 알고 있다. 이러한 대립은 과학적으로 증명 가능한 명확한 문제에서는 발생할 수 없다. 집단 간의 대립은 대부분 정답이 모호한 문제에서 생겨난다. 다시 말해 파벌이나 학파가 존재하는 문제에는 명확한 진리가 증명되지 않았다고 할 수 있다.

종교적 이념은 우리가 살아 있는 동안 증명이 불가능한 대표적인 문제다. 사상이나 철학 역시 실험적으로 증명되지 않은 이론들이다. 만약 실험으로 증명됐다면 정답이 존재하는 것이고, 그렇다면 논쟁의 여지는 없었을 것이다. 과학에서도 아직 정답이 입증되지 않았을 때 집단 간의 파벌 싸움이 존재해왔다.

피타고라스학파에서 벌어진 살인 사건은 이것이 사실이든 아니든 파벌 싸움의 어리석음을 잘 보여준다. 그들은 '무리수'가 존재한다는 사실을 숨기기 위해 이 사실을 폭로한 히파수스를 물에 빠뜨려 죽였다고 한다. 언젠가는 밝혀질 진리를 숨기고자 그들은 어리석게도 살인자가 되기를 주저하지 않았다. 과학자들은 자신의 이론이 맞는다는 것을 고수하기 위해 반대파에 맞서 싸울 것이 아니라 실험과 연구를 통해 증거를 찾고 결과를 도출하면 된다. 사상과 이념도 마찬가지다. 자신의 생각에 반대하는 사람들과 논쟁해서 이긴다고 해결되는 것은 아무것도 없다. 자신의 가설이 옳다는 것을 실험적으로 증명하려는 노력이 필요하다.

불과 20여 년 전만 해도 의학 분야 역시 파벌과 학파가 존재했다. 어떤 수술 방법이 좋은지 또는 어떤 진단 기준이 옳은지에 대한 건전한 논쟁도 있었지만, 정치에서 보이는 파벌 싸움도 존재했다. 파벌 싸움은 의학에 대한 그들의 열정을 보여주었을지언정 실제로 환자들에게 큰 도움이 된 것 같진 않다.

근래에는 의학 분야에서 파벌이 거의 사라졌다. 최근 10여 년간 근거 기반의 의학이 주류가 되면서 각기 다른 치료법의 결과들이 투명하게 공개되고 검증되는 추세다. 특히 권위 있는 의학 저널들은 좋은 치료 결과보다, 투명한 자료와 투명한 임상시험 방법을 심사 기준으로 삼고 있다. 이처럼 투명성을 통해 어떤 치료법이 우수한지 확실히 증명되기 때문에 논쟁의 여지가 없어진 것이다. 또한 치료 결과를 평가하는 다양한 객관적 평가 도구가 개발되었다. 환자의 생존 기간을 평가하는 도구, 치료 후 결과를 객관적으로 평가하는 도구, 환자의 심리적 만족도를 평가하는 도구 등을 통해 치료 결과를 과학적으로 분석한다. 이렇게 투명하고 과학적인 분석을 통해 비교된 결과물은 논문으로 전 세계 의사들에게 공유되기 때문에 국가 간 의료 수준의 차이도 크게 줄었다. 즉 근거 기반의 의학은 의사 집단 간의 파벌 싸움을 무의미하게 만들어버렸고, 진료 수준을 평준화시켰으며, 의학의 과학적인 발전에 토대가 되었다.

정치와 이념도 의학과 마찬가지로 그들이 주장하는 정책을 소규모로 실험할 수 있는 환경이 주어져야 하며, 그 성과를 투명하고 과학적으로 검증하는 작업도 필요하다. 정치는 그 성과를 여론조사에만 의존할 것이 아니라, 정책의 성과를 정량화하거나 점수화하는 투명하고도 객관적이며 과학적인 평가 방법, 즉 평가 도구의 개발이 이뤄져야 한다.

집단은 우리의 의사결정을 더 풍요롭게 한다

∴

앞에서는 집단의 단점만을 집요하게 파고들었다. 집단은 사실 우리에게 공기처럼 필수적인 존재다. 개인은 집단을 떠나서는 건강한 생활을 할 수 없다. 다만 이 필수적이며 거대한 존재로 인해 발생하는 문제는 개인에게 치명적일 수밖에 없기 때문에 이 문제를 먼저 다룬 것뿐이다. 이제는 집단의 장점과 이를 이용해 더 효과적인 의사결정을 하는 방법들을 살펴보겠다.

집단 학습

집단의 가장 큰 장점은 개인이 할 수 없는 일을 수행할 수 있다는 것이다. 한 개인이 남한산성을 쌓으려고 한다면 아마 100년이 걸려도 안 될 것이다. 집단은 이보다 더 위대한 일도 할 수 있다. 현대 산업사회는 집단의 장점을 가장 효율적으로 사용하는 방향으로 발전해왔다. 기업들은 각 개인의 역할을 분업화·전문화하고 이를 재조합함으로써 작업의 효율성을 극대화했다. 20세기 초 헨리 포드는 자동차 생산에 컨베이어 벨트를 이용해 연속 조립 생산이 가능한 '포드 시스템'을 개발했다.[3] 이를 통해 그는 각 조립 단계를 분업화함으로써 자동차 생산의 효율성을 최대치로 끌어올렸다. 이렇듯 우리는 산업화 과정을 통해 집단 운영 시스템을 만들고, 구성원을 적재적소에 배치함으로써 성과를 극대화할 수 있음을 배웠다.

반면 집단이 발전하는 만큼 그 구성원인 개인이 발전하는지는 의문이다. 대기업이나 국가 기관과 같이 거대한 조직에서 일하는 개인들은 자신을 집단의 작은 부품같이 느끼기도 한다. 그러나 거대 집단에서 개인은 사실 더 많고 더 높은 차원의 지식을 습득할 수 있으며, 큰 집단에서만 가능한 의사결정을 수행할 수 있다. 다만 많은 거대 집단이 집단의 경험을 구성원들과 공유하는 시스템을 갖추고 있지 않아 집단의 경험이 개인의 발전으로 이어지지 못하는 것이다. 또한 집단 구성원 간의 수평적 의사소통과 상호 간에 지식을 공유하는 시스템이 없다면, 개인의 발전을 기대하기 어렵다. 구성원 개인의 지속적인 발전이 없다면, 결국 그 집단의 발전도 한계에 다다를 수밖에 없다. 그렇다면 어떻게 집단과 구성원의 역량을 지속적으로 발전시킬 수 있을까?

인공지능 알고리즘에도 여러 인공지능을 집단적으로 활용해 성과를 극대화하려는 모델들이 있다. 이들이 어떻게 집단 전체의 역량을 발전시키며, 동시에 개별 인공지능의 능력을 향상시켜가는지 알아보자. 그러고는 이를 응용해서 우리가 속한 집단과 우리 자신의 역량을 지속적으로 발전시킬 방법들을 모색해보자.

1992년 도리고는 경로를 빠르게 탐색하는 '개미 집단 학습 시스템'을 개발했다.[4] 이는 개미의 활동을 모방한 강화학습 알고리즘으로서 하나의 모델(여기서는 에이전트agent 또는 행위자로 부르기로 한다)이 탐색을 수행하는 것이 아니라, 마치 개미들처럼 수많은 행위자가 동시에 대규모 탐색을 수행함으로써 최단 경로를 찾아내는 방법이다.

행위자인 개미가 최단 거리를 학습하는 과정은 두 단계로 되어 있다. 첫째는 각 개미가 스스로 탐색한 경로를 학습하는 국소적 학습 단계local update, 둘째는 모든 개미 가운데 최단 경로를 찾은 개미의 경로를 다 함께 공유하는 전체 학습 단계global update다. 이처럼 최고의 결과를 찾은 개미의 방법을 모두가 공유함으로써 구성원 전체가 발전하며, 나아가 집단의 역량은 지속적으로 개선된다. 여기서 최적의 결과를 찾아낸 구성원은 그것을 우연히 획득한 것일 수도 있고, 그 분야에 최적화되어 있었을 수도 있다. 이 경로 탐색 문제에서는 최단 거리를 찾는다는 하나의 목표밖에 없었지만, 불확실한 내외부 여건으로 인해 발생하는 온갖 문제를 가진 현실 집단에서는 각 문제에 최적화된 다양한 구성원이 있을 수 있다. 이들의 결과를 공유하는 시스템을 갖춘 집단에서는 각 구성원이 개인으로서는 경험할 수 없었던 지식을 상호작용을 통해 얻는다.

학술 단체와 동호회 등의 모임은 결속력이 느슨하기 때문에 집단으로서의 영향력은 크지 않지만, 비교적 열린 자세로 소통이 가능하다. 여기서 우리는 타인의 시행착오나 성공 사례 등을 공유하며 한 개인이 겪을 수 없는 다양한 경험을 단기간에 업데이트할 수 있다. 이런 유의 집단에서는 구성원의 학습 효과가 극대화된다.

반면 대기업이나 국가 기관은 내부의 수평적인 소통과 직종이 다른 구성원 간의 소통이 원활하지 않으며, 특히 다른 직종 간의 경험을 공유하는 시스템을 구비하고 있는 경우가 드물다. 동일 직종 내에서뿐만 아니라 직종 간의 소통을 활성화하고 성공적인 사례를 구체적이고도 주기적으로 공유하는 것은 개미 시스템에서 본 것처럼 구성원 개인의 지속적 성장뿐만 아니라, 집단 내 다양성 확보 측면에서도 매우 중요하다. 이는 기업이 변화하는 환경에서 경쟁력을 유지하고 유연성을 갖기 위해 반드시 필요하며, 결국 기업의 지속적인 성장에 원동력이 될 것이다.

최근에는 더 발전된 형태의 집단 인공지능이 개발되고 있다. 이를 멀티 에이전트 강화학습Multi-Agent Reinforcement Learning, MARL이라고 하는데, 이는 마치 실제의 거대 집단과 같이 구성되어 있어서, 집단 내 행위자들은 각기 다른 다양한 일을 수행하며, 서로 경쟁하거나 협업하기도 한다.[5]

이는 개미 집단 학습과 달리 매우 복잡한 환경을 다룬다. 집단은 최선의 결정을 위해서 다양한 업무의 결과를 비교해야 하고, 행위자들 간의 상호작용 즉 협력과 경쟁도 고려해야 하며, 이를 모두 통합했을 때 최선의 결과를 도출해내야 한다. 또한 개별 행위자들은 집단이 최선의 결과를 얻을 수 있도록 각자 최적화된 개별 행동을 찾아야 한다.

멀티 에이전트 강화학습 중에서 많이 사용되는 중앙집중형 훈련-분산형 실행Centralized Training and Decentralized Execution, CTDE 논리에 기반한 알고리즘에 대해서 알아보자. 여기서 각 행위자는 최대한 자율적인 의사결정이 보장되고, 모든 관찰 정보의 분석은 중앙에서 통합해 이루어진다. 각 행위자는 자체 보상을 받기도 하지만 집단 전체에 주어지는 공동 보상을 받기도 한다. 공동 보상은 각 행위자의 기여도에 따라 분배되는데, 이를 신뢰 할당이라고 하며 실제 기업의 성과주의와 닮았다. 각 행위자의 상호작용을 통해서 어떤 행위자는 사회적 영향력을 획득하기도 한다. 이는 상호작용이 공동 보상에 미치는 영향을 계산해 평가한다.

멀티 에이전트 강화학습은 연구 개발 단계에 있어, 사실 어떤 시뮬레이션이 더 우수하다고 말하기는 아직 이르다. 그러나 머잖은 미래에 기업의 효율성을 시뮬레이션하거나, 개인의 성과와 영향력을 평가하는 데 이 인공지능 모델이 이용되지 않을까 조심스럽게 예상해본다.

다양성의 중요성

집단의 또 다른 장점은 다양한 구성원이 모여서 의사결정을 하기 때문에 똑똑한 한 명의 개인보다 더 우수한 의사결정을 내릴 수 있다는 것이다. 스콧 페이지는 저서 『다양성 보너스The Diversity Bonus』에서 집단 내의 다양성을 강조한다.[6] 그는 특정 능력이 뛰어난 유사한 구성원으로 이루어진 집단보다 특정 능력에서는 뛰어나지 않더라도 다양한 능력을 가진 구성원으로 이루어진 집단이 복잡한 문제를 풀 때 더 좋은 결과를 낸다고 주장한다. 그는 뛰어난 개인과 뛰어난 집단은 다르다고 봤다. 뛰어난 집단이 되려면 평균적으로 뛰어난 여러 사람이 필요하기보다 뛰어난 사람 한 명만 있으면 된다. 그러나 복잡하고 다양한 문제에 있어서 그 뛰어난 '한 명'의 구성원은 문제의 종류에 따라 다른 사람이 될 수 있다. 이를테면 유명한 식당은 요리를 잘하는 사람들로만 구성되어 있지 않다. 식당에는 요리 실력이 뛰어난 사람도 필요하지만 고객을 잘 응대하는 사람도 필요하며 투자와 경영, 홍보를 잘하는 사람도 필요하다. 이처럼 하나의 집단은 균일한 성격의 구성원을 가진 그룹보다는 여러 성격의 구성원을 가진 그룹이 다양한 문제에 더 잘 대처하리라는 것이다.

다양성의 장점은 통계상으로도 증명된다. 제임스 서로위키는 이를 '대중의 지혜The wisdom of crowds'라고 했으며, 다음과 같이 계산된다 (아래 식에서 θ는 참값, C는 군중의 예측, S는 개인의 예측이다).[7] 여기서 대중의 오류는 개인의 오류가 갖는 평균보다 작다.

대중의 오류=평균 오류-예측의 다양성

$$(C-\theta)^2 = \frac{1}{n}\sum (S_i-\theta)^2 - \frac{1}{n}\sum (S_i-C)^2$$

인공지능의 예측 모델에서도 다양성의 확보가 중요하다. 정확하긴 하나 지나치게 경직된 모델은 환경이 조금만 달라져도 엉뚱한 답을 주곤 한다. 특히 매우 복잡하고 불확실한 환경에서는 모델의 정확도를 희생하더라도 유연성을 가질 필요가 있다.

유연성과 정확도를 동시에 확보하는 방법으로 많이 사용되는 앙상블 알고리즘을 살펴보자. 앙상블 알고리즘은 여러 예측 모델을 만들고, 이를 통합해 결론을 내리는 기법을 말한다. 인공지능 언어 번역기를 예로 들어보자.

과거에는 단어, 문장, 말의 구조를 규칙 기반의 방법Rule base method으로 하나하나 일대일 대응을 시켜 번역했다(규칙 기반이란 프로그래밍의 가장 기본적인 규칙, 즉 if/then 구조를 생각하면 된다. 예를 들어 if 'tree' then '나무' 식으로 일대일 대응으로 번역하는 것이다). 이 방식은 언어 체계가 전혀 다른 말들을 번역할 때 자연스럽게 옮기기가 불가능하다. 이에 구글 번역기는 최근 앙상블 기법을 이용하기 시작했다. 그들은 우선 웹상에 존재하는 글들을 학습하는 다양한 모델을 만든다. 이 모델들은 각각 서로 다른 종류와 형태의 글을 학습한다. 번역을 수행할 때는 학습된 여러 모델의 번역을 취합해 더 자연스러운 번역을 수행하게 된다.

앙상블 모델이 성공적인 역할을 수행하게 하려면 각 모델의 다양성을 증가시키는 것이 핵심이다. 이를 위해 각 모델에게 서로 다른 환경의 데이터를 학습시키는데 이를 배깅Bagging(Bootstrap aggregation)이라고 한다.[8]

배깅은 앙상블 알고리즘이다. 간단히 방법을 소개해보겠다. 우선 주어진 데이터를 무작위로 반복되게 샘플링한 후 여러 그룹으로 나눈다. 그룹화된 데이터는 서로 다른 모델에 의해 학습된다. 의사결정을 할 때는 여러 모델이 제시한 평균값 또는 각 모델이 제시한 결정 가운데 다수의 결정을 따르는 방식이다. 이 방법을 사용하면 하나의 모델을 사용할 때보다 정확도가 크게 향상된다. 이는 민주주의의 우수성을 설명할 때 간혹 인용되는 방법론이기도 하다. 실제로 정확도가 매우 낮은 여러 모델의 의사결정 중 다수의 결정을 따르면 그 정확도가 매우 높아진다. 대표적인 예로 무작위 숲random forest 알고리즘이 있는데, 작은 의사결정 나무decision tree 모델을 수백 개 모아서 의사결정을 하기 때문에 '숲'이라는 이름을 갖게 되었다.[9]

종합병원에서 치료가 어렵거나 희귀 질환을 가진 환자의 진단 및 치료에 다학제적인 접근법을 수행한다는 이야기를 들어봤을 것이다. 다학제 진료란 한 환자의 진단 또는 치료를 위해 다양한 분야의 의료진이 모여 의사결정을 하는 시스템을 일컫는다. 이는 배깅의 방법과 유사하다. 여기서 각기 다른 분야의 의료진은 하나의 의사결정 나무가 된다. 각 의료진은 자기 분야와 관련해서 환자를 평가해 나름의 진단이나 치료 방침을 결정한다. 희귀 암 진단을 예로 들어보자. 각 분야의 의사 즉 임상 의사, 영상의학과 의사, 병리과 의사는 각자 환자의 다양한 데이터로부터 필요한 정보를 수집한다. 임상 의사는 자신의 임상 경험, 환자가 호소하는 증상, 신체검사, 혈액검사 등의 소견을 토대로 가능한 진단명을 결정한다. 영상의학과 의사는 단순 방사선 촬영, 자기공명영상 등의 자료를 이용해 가능성 있는 진단명을 추려낸다. 병리과 의사는 환자의 조직 샘플의 현미경적 소견과 특수 염색 소견들을 근거로 가능한 진단명을 결정한다. 이후 이들 의료진은 각자의 의견을 가지고 회의에 참여하며, 그 회의에서 합의된 내용에 따라 진단명이 확정된다.

암 진단에 있어서 병리학적 검사는 최종 판결로서 소위 '참값'에 해당된다. 아무리 임상적으로나 영상 소견에서나 암이 의심된다 해도 병리 검사에서 암이 아니라면 아닌 것이다. 이처럼 참값을 알려주는 기준을 '최적 표준'이라 한다. 그렇다면 진단을 위해서는 병리 검사 결과만 보면 될 텐데 왜 굳이 번거로운 회의를 거쳐야 하나?

내 경험에 따르면 희귀 암은 임상 및 영상의 결정과 병리 검사의 결정이 곧잘 불일치한다. 아주 빈번한 암종이라면 병리과의 진단이 맞겠지만, 희귀 암은 최종 판결인 병리 검사의 결과도 다학제 회의를 통해 번복되곤 한다. 병리 검사가 참값이라 해도 채취된 조직의 오류, 판독하는 의사의 오류가 여전히 있을 수 있다. 다학제 진료는 이러한 오류를 미리 발견하거나 예방하는 데 큰 도움이 되며, 진단의 정확도를 향상시키는 데 크게 기여하고 있다.

이처럼 동등한 차원의 결정을 한데 모아서 최종 결정을 내리는 수평적인 앙상블이 있는가 하면, 수직적 다단계 앙상블 알고리즘인 부스팅Boosting 기법도 있다.[10] 부스팅 방식은 하나의 모델을 통해 학습을 진행하고, 그 모델을 테스트했을 때 정답이 틀린 샘플들만 다시 모아서 새로운 모델에게 학습시킨다. 이렇게 순차적으로 새로운 모델을 앙상블에 추가함으로써 정확도를 높여나간다.

집단이나 기업에서는 수직적 다단계 과정을 쉽게 관찰할 수 있다. 법적인 판단에서 삼심제를 채택하는 이유도 수직적 다단계 과정을 통해 오류를 걸러내려는 것이다. 의사결정이 여러 단계로 구성되면 한 단계에서 생긴 오류를 다음 단계에서 수정할 수 있기 때문에 전체적인 오류 발생률이 줄어든다.

병원의 위기 관리 시스템도 수직적 다단계로 구성되어 있는 경우가 많다. 수술 전 안전 체크는 병동 간호사, 수술실 입구 간호사, 마취과 의사, 수술실 간호사, 전공의, 집도의 순으로 검증 과정을 거친다. 여기서 환자 본인의 확인과 수술 부위의 확인이 이루어진다. 즉 다단계적 접근 방법은 시스템을 통해 개인의 오류human error를 걸러내고자 하는 노력의 일환이다. 그렇다고 모든 위험이 늘 걸러지는 것은 아니다. 아무리 점검 단계를 촘촘히 만들어놓아도 사고는 일어나게 마련이다.

각 단계에서 잠재적인 문제들이 스위스 치즈의 구멍처럼 잘 보이지 않다가, 우연히 각 단계의 모든 결함이 동시에 일치한다면 큰 사고가 날 수 있다. 영국의 심리학자인 제임스 리즌은 이를 '스위스 치즈 모델'이라 불렀다.[11] 즉 잠재적으로 존재하는 각 단계의 문제는 마치 치즈의 구멍처럼 서로 연결성을 보이지 않는 것 같지만, 운이 나

쓰면 구멍이 뻥 뚫린 스위스 치즈처럼 한 번에 모든 점검 단계를 놓쳐버려 사고가 발생할 수 있다는 논리다.

수직적 다단계 접근법의 가장 큰 문제는 이전 단계의 결과를 다시 인용하는 경우가 많다는 점이다. 예컨대 병원에서 처음 환자의 차트에 오른 다리 수술이라고 적혀 있었다면, 그다음 점검하는 수술실 입구 간호사는 그 차트를 인용하고, 그다음 수술실 의료진도 그 간호사의 기록을 인용할 수 있는데, 이렇듯 앞의 것을 그대로 따른다면 아무리 많은 점검 단계를 거쳐도 하나의 단계를 거친 것과 다름없다. 판사도 마찬가지다. 초기에 수집된 자료를 근거로 1심이 이루어지고, 2심과 3심에서는 이전의 자료와 판결 서류만을 근거로 재심이 이루어진다면 1심의 오류를 발견하기는 쉽지 않을 것이다.

또한 각 점검 단계 중에서 영향력이 큰 개인이 존재하는 경우를 생각해보자. 그는 기업 대표일 수도 있고, 병원에서는 수술을 잘하는 유명한 외과의일 수도 있다. 이때 각 점검 단계에서 영향력이 큰 개인의 의견이 비중 있게 작용하기 때문에 그 개인의 오류는 전체 시스템의 오류가 되고 만다. 이는 개인의 오류를 막으려는 시스템의 취지와 맞지 않는다.

오류를 점검하는 시스템을 만들 때 다단계로 만들었다고 해서 만족하면 안 된다. 관건은 각 단계 간에 서로 독립성이 있느냐이다. 즉 데이터를 수집하는 단계에서 서로를 인용해서는 안 되고, 판단 주체도 서로의 판단을 참고하지 않아야 한다. 따라서 '서류 검토' 단계는 다단계에서 하나의 단계로 인정되어서는 안 된다. 모든 단계는 수직적 과정을 거치지만, 수평적 구조에서처럼 데이터 수집과 판단에 있어서 독립성이 보장되어야 한다. 즉 병원에서라면 수술실 입구의 간호사는 환자에게 수술 부위를 직접 다시 물어봐야 하고, 수술실 내에서도 마취 직전에 다시 환자에게 직접 수술 부위를 확인해야 한다. 최종적으로는 담당 집도의의 의견과 모든 기록이 일치하는지 맞춰봐야 한다.

각 의사결정 주체의 독립성이 보장된다면, 수평적 구조든 수직적 구조든 여러 명의 집단적인 의사결정은 뛰어난 한 사람의 결정에 비해 우수한 결과를 보일 가능성이 높다. 즉 집단의 장점을 최대한 살리기 위해서는 수평적 및 수직적으로 구성원 간의 소통이 원활하게 이루어질 수 있는 시스템을 확보하는 것이 핵심이다.

맺음말

이 책은 우리가 왜 합리적인 결정에 취약한지, 좀더 합리적이며 성공적인 결정을 위해서 반드시 고려해야 할 점은 무엇인지에 대해 다루었다. 또한 많은 연구자가 고안하고 실험적으로 증명한 다양한 결정 알고리즘에 대해 검토해봤다. 그러나 이러한 결정의 알고리즘들은 우리의 자유의지로 해결할 수 있는 문제에만 적용 가능할 뿐, 사실 현실 세계에는 자유의지로 해결할 수 없는 문제가 더 많다.

어쩌면 우리는 인생에서 정말 위중한 문제는 결정할 수 없는 존재인지도 모른다. 우리에게 자유의지가 있다고 주장하지만, 중대한 일의 결정권은 없을 때가 많다. 우리는 중대한 질병에 걸릴지 말지 선택할 수 없고, 얼마나 오래 살지 선택할 수도 없다. 우리는 코로나에 봉쇄를 당하고, 이상 기후에 피해를 입고, 세계적인 경제 위기로 손해를 입지만, 우리의 자유의지는 이런 상황에서 아무런 선택 권한을 갖고 있지 않다. 우리는 자유의지를 소중하게 생각하지만, 사실 그것은 세상을 바꿀 만한 의지도 능력도 갖고 있지 않다. 정작 위중한 문제 앞에서 우리가 할 수 있는 일은 그 순간이 지나갈 때까지 인내하고 견뎌내는 게 전부일 수도 있다.

서글프지만, 이런 현실을 받아들일 수밖에 없다. 성공하는 결정을 논하기 전에 우리가 결정할 수 있는 일과 할 수 없는 일부터 구분해야 한다. 어쩌면 인간의 자유의지는 아주 사소한 문제만 결정할 수 있는지도 모르겠다. 마르틴 루터는 저서 『탁상 담화Table Talk』에서 인간의 자유의지는 소 젖을 짜고 집을 짓는 정도의 역할만 할 뿐이라고 했다. 이 말은 인간의 자율성을 지나치게 폄훼하는 듯하다. 그러나 주어진 위치에서 자신의 역할을 충실히 하기 위해 자유의지를 잘 활용하는 것은 매우 중요한 일이다. 내 직업이 소 젖을 짜는 일이라면 나의 자유의지로 더 좋은 유제품을 생산해낼 수 있다. 더 좋은 유제품은 더 많이 팔려나갈 것이고, 나는 소 젖을 짜는 사람에서 나아가 큰 목장의 주인이 될 수도 있을 것이다. 그러니 자유의지의 사소한 역할을 결코 무시해서는 안 된다. 주어진 상황에서 소방관의 올바른 판단, 의사의 올바른 판단은 사람의 생명을 구할 수 있다. 정치인과 판사의 올바른 판단은 사회를 더 공정하고 정의롭게 만들 것이다. 기업가의 올바른 판단은 세상을 더 풍요롭게 할 것이다. 이외에도 우리의 자유의지는 각자의 일상에서 직관과 기지를 발휘해 자기 인생뿐만 아니라 이웃의 삶을 풍요롭게 만들고 있다. 이렇듯 일상의 크고 작은 일을 통해 우리의 자유의지는 분명히 위대한 일을 해나가고 있는 것이다.

자신의 문제를 운명에 맡기는 것은 끈 없이 날아가는 '연'과 같다. 결정론의 불확실성에서 봤듯이, 좋은 바람을 타고 잠시 높이 날아갈 수도 있지만, 곧 바람의 경로가 바뀔 테고 연은 추락할 것이다. 그러나 이처럼 압도적이며 카오스적인 세상의 기류 속에서도 우리는 지속적으로 미세한 조정을 통해 원하는 방향으로 나아갈 수 있다.

따라서 작은 일의 판단에 있어서도 성공하는 결정을 하는 연습은 매우 중요하다. 우리는 습관적인 판단, 충동적인 판단뿐만 아니라, 매뉴얼에 따른 기계적인 판단에 늘 주의를 기울여야 한다. 작은 선택에 있어서도 내 결정의 환경을 점검할 줄 알아야 한다. 즉 선택 옵션들이 충분한지, 결과의 불확실성은 어느 정도인지, 그 위중도는 얼마쯤인지 점검해야 하며, 거짓된 연관성은 없는지도 살펴봐야 한다. 불리한 결정을 내려야 하는 환경에서는 조급하게 하지 말고 보류할 줄도 알아야 한다. 공정한 판단을 위해서 내 정보의 편향성도 살펴봐야 하고, 부족한 부분은 탐색의 시간을 가져야 한다. 이 모든 환경이 갖춰지면, 선택에 있어서 나 자신을 믿고 내 직관에 귀 기울여야 한다. 효용성에 의한 선택은 마지막에 해도 늦지 않다. 효용성을 강조하다보면 최적의 선택지를 탐색할 기회를 놓칠 수도 있기 때문이다. 이렇게 작은 결정에서부터 판단하는 연습을 한다면, 마침내 우리는 더 크고 어려운 결정에서 성공하는 선택을 할 수 있을 것이다.

감사의 말

이 책의 전문적인 부분은 임성빈 고려대 교수님께서 주로 감수해 주셨다. 꼼꼼히 내용을 살펴주신 데다 누구보다 이 책을 흥미 있어 하며 읽어주신 데 대해 진심으로 감사드린다. 이 책의 완성을 위해 도움을 주신 컴퓨터 공학자 김지수 연구원과 전문의 이영근 선생님 에게도 감사의 말을 전한다. 그리고 이 책의 초안에 관심을 갖고 책을 낼 용기를 준 글항아리 이은혜 편집장에게도 고마운 마음이다.

퇴계 이황은 『자성록』에서 공부에 대해 이렇게 설명한다. 공부를 하면서 조급한 마음으로 억지로 지나치게 깊은 이치를 탐구한다면 공부는 더 이상 즐거움이 아니고, 마음의 근심이 될 뿐이라고……. 그러니 이해되지 않는 부분이 나올 때 독자들께서 마음을 괴롭힐 정 도로 심하게 읽진 않기를 바란다. 나는 그동안 많은 논문과 연구물 을 발표했지만, 그 과정이 고통스러웠고 마음도 자주 괴로웠다. 그 당시만 해도 난 고통스러운 과정이 없다면 좋은 결과물이 나오지 않는다고 믿었다. 그러나 조급한 마음을 버리고 틈틈이 배움의 과정을 즐기다보니 어느덧 책이 완성되어 있어서 신기했다. 이 책을 쓰는 동안은 사실 내내 즐겁고 행복했다. 이 마음이 독자들에게도 전달되길 바라며, 마음 가는 대로 "진정한 공부의 맛"을 즐길 수 있도록, 천천히 그 의미를 음미하길 기대해본다.

내 배움의 여정을 늘 지지해주는 사랑스러운 아내와 자녀들에게 감사하고, 어린 시절부터 지금까지 내 이야기를 항상 신기해하며 경청해주시는 부모님께 감사드린다. 끝으로 부족함이 많은 나에게 다양한 경험과 배움의 기회를 주신 하나님께 감사드린다. "너희가 거저 받았으니 거저 주어라"라고 하신 말씀을 준행하며 살겠다고 다시 한번 다짐해본다.

부록
동전 던지기 문제의 베이지안 추론

동전 던지기 문제에 베이지안 추론을 적용해보자. 베이지안 추론을 이용해 앞/뒤가 나오는 비율을 알 수 없는 동전에서 앞면이 나올 참확률을 추정해보자. 일단 사전 확률은 무엇이든 나올 수 있다고 가정하고 0에서 1 사이의 '균등 확률(무작위)'로 가정한다. 즉 아무런 정보가 없는 이 동전은 앞면이 나올 참확률이 100퍼센트부터 0퍼센트까지 모두 가능하다(그림 1).

동전을 열 번 던질 때 앞면이 세 번 나왔다면 가능도 그래프, 즉 불확실성을 포함한 관찰 확률의 분포는 (그림 2)와 같이 나올 것이다. X축의 확률값을 보면 0.3이 참확률일 가능성이 가장 높게 나타난다. 우리가 관찰한 데이터에 의하면 아마도 참확률은 0.3 주변 어딘가에 분포할 것이다.

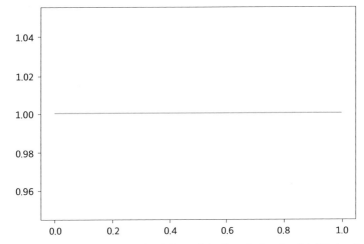

[그림 1] 확률의 균등 분포. X축은 확률값이고, Y축은 가능도다. 이 그래프에서 확률은 0에서 1 사이의 어떤 값도 나올 수 있다. 그림에서 모든 확률값, 즉 X값에 대한 가능도는 1로 동일하다(참고로 동전 던지기처럼 앞/뒤 또는 참/거짓으로 나오는 확률 분포를 이항 분포라고 하며 사전 확률 분포로 연속 확률 모델인 베타 분포를 흔히 이용한다).

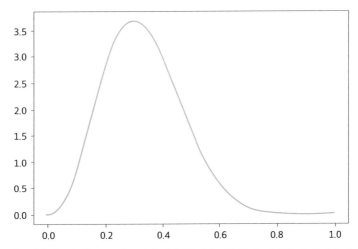

[그림 2] 관찰 확률의 가능도 그래프. 동전 던지기와 같은 이항 분포는 수학자 베르누이가 가정한 식으로 나타낼 수 있다. N회 던진 동전에서 x번 앞면이 나온다면 앞면이 나올 확률은 다음과 같다. $P(x|p)=\binom{n}{x}p^x(1-p)^{n-x}$
동전을 열 번 던질 때 세 번 나온다면 $P(x|p)=\binom{10}{3}p^3(1-p)^{10-3}$이고 이는 위와 같은 확률 분포 그래프로 나타낼 수 있다. 여기서 x축은 불확실한 확률이며, y축은 각각의 x값, 즉 확률값이 나올 가능도이다. 위 그래프에서 확률 0.3 근처의 값이 나올 가능성이 가장 큰 것을 알 수 있다.

위의 관찰 확률 분포를 사전 확률에 업데이트하면, 즉 가능도를 사전 확률에 곱하면 아래처럼 변형된 확률 분포 그래프가 나온다. 이를 사후 확률 분포라고 한다. 사후 분포를 보면 관찰 확률의 가능도 분포와 별반 차이가 없다. 그 이유는 우리가 사전 분포를 균등하게 놓았던 터라 사전 의견이 없었던 것과 같기 때문이다. 이 사후 분포는 아직 0에서 0.6 사이에서 어떤 확률도 참확률일 가능성이 있음을 보여준다.

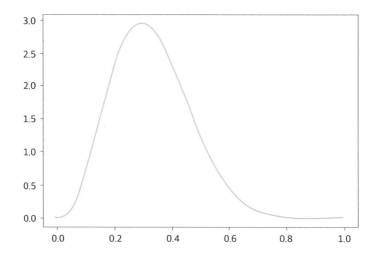

〔그림 3〕 사후 확률 분포. 사전 확률 분포에 관찰 확률 분포를 곱한 분포.

이번에 동전 열 개를 더 던져봤더니, 반대로 앞면이 일곱 번, 뒷면이 세 번 나왔다. 이때 동전의 앞면이 나올 관찰 확률의 가능도 그래프는 〔그림 4〕와 같다.

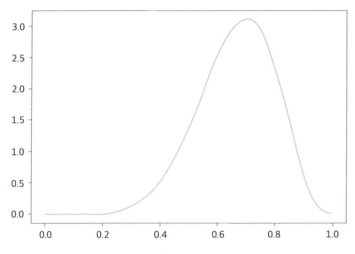

〔그림 4〕 관찰 확률 분포. X축은 확률값이며 Y축은 각 확률값의 가능도임.

이전의 사후 분포(그림 3)는 다시 사전 확률 분포가 되고, 새롭게 관찰된 확률 분포를 여기에 곱하면 다시 새로운 사후 확률의 분포를 얻게 된다. 〔그림 5〕의 사후 분포를 보면 확률값(X축)은 아직 0.2부터 0.8까지 가능하다. 그러나 0.5 근처의 가능성이 높음을 알 수 있다. 이처럼 관찰 값이 증가할수록 확률의 불확실성은 줄어든다. 관찰 확률의 분포를 지속적으로 업데이트하면 이 동전이 갖는 고유한 앞면이 나올 참확률을 추론할 수 있다.

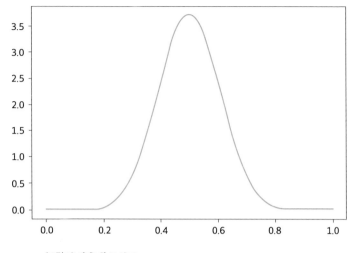

〔그림 5〕 사후 확률 분포.

주

2장

1. Fritz Heider, *The Psychology of Interpersonal Relations*(Psychology Press, 1958).
2. Greenwald, A. G., "The totalitarian ego: Fabrication and revision of personal history", *American Psychologist*(1980), 35, 603~618.

3장

1. Antonio Damasio, *Descartes' Error*, 『데카르트의 오류』, 김린 옮김, 눈, 2017.
2. 크리스 블레이크, 『결정의 기술』, 김명철·김형진 옮김, 펜하우스, 2010.
3. Wolfram Schultz, "Predictive Reward Signal of Dopamine Neurons", *Journal of Neurophysiology*, doi:10.1152/jn.1998.80.1.1.
4. Eric R. Kandel, *The Disordered Mind: What Unusual Brains Tell Us About Ourselves*, 『마음의 오류들』, 이한음 옮김, 알에이치코리아, 2020.
5. Smuha, N. A., "The EU approach to ethics guidelines for trustworthy artificial intelligence", *Computer Law Review International*(2019), 20(4), 97~106.
6. 스티븐 슬로먼·필립 페른백, 『지식의 착각』, 문희경 옮김, 세종, 2018.
7. Gary Klein, *The Power of Intuition: How to Use Your Gut Feelings to Make Better Decisions at Work*(Currency, 2004).

4장

1. 로버트 루빈·제이콥 와이스버그, 『글로벌 경제의 위기와 미국』, 신영섭·김선구 옮김, 지식의날개, 2005.

2. Pierre-Simon Laplace, *A Philosophical Essay on Probabilities*(1814).

3. 크리스 블레이크, 『결정의 기술』, 김명철·김형진 옮김, 펜하우스, 2010.

4. Begoli, E., Bhattacharya, T., Kusnezov, D., "The need for uncertainty quantification in machine-assisted medical decision making", *Nature Machine Intelligence*(2019), 1(1), 20-23.

5. Aase KK, "On the St. Petersburg Paradox", *Scandinavian Actuarial Journal*(January 2001), 2001(1), 69-78.

6. Milton Friedman and L. J. Savage, The Utility Analysis of Choices Involving Risk, *Journal of Political Economy*(1948), 56:4, 279~304, doi:10.1086/256692.

7. "Efficient Selectivity and Backup Operators in Monte-Carlo Tree Search", *Computers and Games*, 5th International Conference, CG 2006, Turin, Italy, May 29-31, 2006. Revised Papers. H. Jaap van den Herik, Paolo Ciancarini, H. H. L. M. Donkers (eds.). Springer. pp. 72-83. CiteSeerX 10.1.1.81.6817. ISBN 978-3-540-75537-1.

8. Pavlov,I. P., *Conditioned reflexes: An Investigation of the Physiological Activity of the Cerebral Cortex*(Oxford University Press, 1927).

9. Donald Hebb, *The Organization of Behavior, Brain Theory*(1986), ISBN: 978-3-642-70913-5, G. L. Shaw.

10. Ray Dalio, *Principles: Life and Work*(New York: Simon and Schuster, 2017).

11. Bilel Benbouzid, "To predict and to manage. Predictive policing in the United States", *Big Data&Society*(2019), 6(1).

5장

1. Thomas Bayes, *Essay towards solving a problem in the doctrine of chances*(Richard Price, 1763).

2. Steven Sloman, *Causal Models: How People Think About the World and Its Alternatives*(Oxford University Press , 2005).

3. Karl Friston, "The history of the future of the Bayesian brain", *Neuroimage*(2012 Aug 15), 62(2): 1230-3. doi: 10.1016/j.neuroimage.2011.10.004. Epub 2011 Oct 17. PMID: 22023743; PMCID: PMC3480649.

6장

1. Charles G. Lord, Lee Ross, and Mark R. Lepper, "Biased Assimilation and Attitude Polarization: The Effects of Prior Theories on Subsequently Considered Evidence", *Journal of Personality and Social Psychology*(1979), 37, 2098-2109. 10.1037/0022-3514.37.11.2098.

2. Andreas Kappes, Ann H. Harvey, Terry Lohrenz, P. Read Montague, Tali Sharot, "Confirmation bias in the utilization of others' opinion strength", *Nature neuroscience*(2020), 23(1), 130-137.

3. Chaos theory, Wikipedia, https://en.wikipedia.org/wiki/Chaos_theory.
4. Henri Poincaré, *The Three-Body Problem and the Equations of Dynamics: Poincaré's Foundational Work on Dynamical Systems Theory*, Trans. Bruce D Popp(Switzerland: Springer International Publishing, 2017).
5. Roland S. Zimmermann and Ulrich Parlitz, Chaos 28, 043118 (2018).
6. Edward Norton Lorenz, "Does the Flap of a Butterfly's Wings in Brazil Set Off a Tornado in Texas?", American Association for the Advancement of Sciences(139th meeting, 1972).
7. Michael O'Connell, Guanya Shi, Xichen Shi, Kamyar Azizzadenesheli, Anima Anandkumar, Yisong Yue, Soon-Jo Chung, "Neural-Fly Enables Rapid Learning for Agile Flight in Strong Winds", *Science Robotics* (May 2022), Vol 7, Issue 664.
8. Philip G. Breen, Christopher N. Foley, Tjarda Boekholt and Simon Portegies Zwart, "Newton versus the machine: solving the chaotic three-body problem using deep neural networks", *Monthly Notices of the Royal Astronomical Society*(2020), 494(2), 2465-2470.

7장

1. K.W. Naing, C. Li, L. Lee, A. M. Monjazeb, A. Yang, D. Borys, R. J. Canter, "Perioperative Radiotherapy is Associated with Improved Survival among Patients with Synovial Sarcoma: A SEER Analysis", *J Surg Oncol*(2015Feb), 111(2):158-64.
2. Colin R. Blyth, "On Simpson's Paradox and the Sure-Thing Principle", *Journal of the American Statistical Association*(1972), 67:338, 364-366, DOI: 10.1080/01621459.1972.10482387.
3. S. Wright, "The method of path coefficients", *The annals of mathematical statistics*(1934), 5(3), 161-215.
4. Judea Pearl, Madelyn Glymour and Nicholas Jewell, *Causal Inference in Statistics: A Primer*(Wiley, 2016), ISBN 978-1119186847.
5. Donald B. Rubin, "Causal inferenceusing potential outcomes: Design, modeling, decisions", *Journal of the American Statistical Association*(2005), 100(469), 322-331.

8장

1. John von Neumann, Oskar Morgenstern, *Theory of Games and Economic Behavior*(Princeton University Press, 1944).
2. John Nash, "Equilibrium points in n-person games", *Proceedings of the National Academy of Sciences*(1950), 36(1):48-49.

9장

1. Daniel J. Navarro, Ben R. Newell, Christin Schulzeb, "Learning and choosing in an

uncertain world: An investigation of the explore–exploit dilemma in static and dynamic environments", *Cognitive psychology*(2016), 85, 43-77.

2. A. Slivkins, "Introduction to multi-armed bandits", *Foundations and Trends® in Machine Learning*(2019), 12(1-2), 1-286.

3. P. Auer, "Using confidence bounds for exploitation-exploration trade-offs", *Journal of Machine Learning Research*(2002), 3(Nov), 397-422.

10장

1. G. Behrens, "Feeling of absolute dependence or absolute feeling of dependence?(What Schleiermacher really said and why it matters)", *Religious studies*(1998), 34(4), 471-481.

2. N. deFabrique, S. J. Romano, G. M. Vecchi, V. B. Van Hasselt, "Understanding stockholm syndrome", *FBI L. Enforcement Bull.*(2007), 76, 10.

3. Douglas Brinkley, *Wheels for the World: Henry Ford, His Company, and a Century of Progress*(New York: Viking, 2003), p. xxii.

4. A. Colorni, M. Dorigo, V. Maniezzo, "An Investigation of some Properties of an "Ant Algorithm", In *Ppsn*(1992, September), Vol. 92, No. 1992.

5. M. Tan, "Multi-agent reinforcement learning: Independent vs. cooperative agents". In Proceedings of the tenth international conference on machine learning(1993), pp. 330-337.

6. S. Page, *The Diversity Bonus*(Princeton University Press, 2017).

7. J. Surowiecki, *The Wisdom of Crowds* (Anchor, 2005).

8. L. Breiman, "Bagging predictors", *Machine learning*(1996), 24(2), 123-140.

9. M. Belgiu, L. Drăguţ, "Random forest in remote sensing: A review of applications and future directions", *ISPRS Journal of Photogrammetry and Remote Sensing*(2016), 114, 24-31.

10. R. E. Schapire, "The boosting approach to machine learning: An overview", *Nonlinear estimation and classification*(2003), 149-171.

11. J. Reason, "Human error: models and management", *Bmj*(2000), 320(7237), 768-770.

결정하는 마음

초판 인쇄 2023년 3월 3일
초판 발행 2023년 3월 10일

지은이   서성욱
펴낸이   강성민
편집장   이은혜
마케팅   정민호 이숙재 박치우 한민아 이민경 박진희 정경주 정유선 김수인
브랜딩   함유지 함근아 박민재 김희숙 고보미 정승민
제작   강신은 김동욱 임현식

펴낸곳   (주)글항아리 | 출판등록 2009년 1월 19일 제406-2009-000002호

주소   10881 경기도 파주시 심학산로 10 3층
전자우편   bookpot@hanmail.net
전화번호   031) 955-8869(마케팅) 031) 955-2670(편집부)
팩스   031) 955-2557

ISBN   979-11-6909-075-9 03320

www.geulhangari.com